# 你的人生
## 就是一趟
# 英雄旅程

第一本專為數位世代
打造的攻防生存指南

曾冠喆 老師——著

# 目次 CONTENTS

**序** 006

🚩 **在開始之前──開啟你的冒險藍圖** 011

## 第 1 章
## 勇者啟程！
## 接受召喚，開啟你的專屬冒險

**01** 解鎖你的主線劇情，找到初始職業　017

**02** 聆聽內心的召喚，找到推進人生的動力　021

 **藏寶箱｜讓你順利學習新事物的小訓練**　031

**03** 英雄技能樹開啟，打造多重職業組合　036

**04** 打破「命運預設值」，別讓標籤決定你的未來　046

**05** 隊伍集結！人生不是單人遊戲，找到英雄夥伴　055

**06** 沒有人天生是主角，但你可以成為自己的傳奇　066

## 第 2 章

## 強者養成計畫！練就你的內在力量

- ① 心靈盔甲鍛造術！培養「抗打擊力」，
  人生不再一擊即潰　079
- ② 從他律到自律，掌控你的決策與執行力　089
- ③ 開口即戰力！聽得懂才能說得對　099
- ④ 避開數位世界的陷阱！打造你的網路聲望與安全意識　109
- ⑤ 讓 AI 成為助攻，而非阻礙你思考　117

藏寶箱｜你的新世代神器：最強 AI 工具大集合　126

## 第 3 章

## 蒐集頂級裝備！讓你的技能值 MAX

- ① 規則挑戰者！在框架內找到突破點，創造自己的成功法　131
- ② 解讀人心，掌握世界運作的隱藏規則　142
- ③ 施展你的語言影響力　149
- ④ 打造資源戰術，讓每一次學習都發揮最大效益　159

# 第 4 章
# 真正上場──勇敢迎戰人生的關鍵武器

01　S級整頓力，行動前先面對現狀　169

02　掌握世界趨勢，鍛造不被淘汰的競爭力　178

03　溫暖與實力並行！與他人建立真正的深度連結　185

04　拒當數位時代的NPC！成為真實世界的主導者　193

藏寶箱｜升級你的社交技能　200

05　找到人生夥伴與角色定位　202

# 第 5 章
# 超越自我──打造你的英雄傳奇

01　英雄之境界──從「自我成就」邁向「內在滿足」　211

02　打破天花板──如何突破個人極限，擺脫停滯期？　217

03　變局中的航海術──駕馭未知，讓不確定性成為優勢　223

04　勇敢承擔選擇的後果，才能帶來真正的自由　231

05　旅程，才正要開始──帶著全新的價值觀回歸　236

結語　244

附錄｜勇者的冒險紀錄，如何撰寫學習歷程檔案？　246

## 讓你更認識自己的小測驗

▷ 哪種冒險職業與你最符合？ 018
▷ 身邊的夥伴能真正支持你嗎？ 062
▷ 你的溝通方式屬於哪一類型？ 152
▷ 如何找到適合自己的斜槓技能？ 183

## 成長路上的各種疑難雜症

▷ 一定要做個好學生嗎？ 047
▷ 經常三分鐘熱度，怎麼辦？ 066
▷ 該如何與壓力或焦慮共處？ 085
▷ 如何讓你的所學發揮最大價值？ 160
▷ 明明想做出改變卻經常拖延？ 174
▷ 為何越來越容易感到孤獨？ 197
▷ 要服從權威還是做自己？ 232

# 序

　　你曾經感覺自己只是個「邊緣人」或「路人」，等待別人替你決定未來的人生嗎？也可能從來沒有懷疑過——現在的人生，真的是自己選的嗎？我們一直被教導要成為「更好的自己」，但沒有人告訴你，還可以選擇「不成為別人期待的自己」。

　　這是一場不只談論成長，而是關於重置人生遊戲規則的旅程，接下來，不必遵循既定路線，就能夠重新定義自己——但需要踏出舒適圈，迎接未知的挑戰。

## 👣 人生的關鍵不是你站在何處，而是你打算往哪裡走

　　我們總以為人生是按照某個既定藍圖設計好的：從哪裡出生、父母是誰、家境如何，好像一切都已經被決定了。但法國哲學家沙特曾說過：「存在先於本質。」意指我們並不是天生就被設定好某個角色，而是**透過自己的選擇與行動，才塑造出你是誰。**

　　即使我們無法選擇出生在哪裡或左右父母的財富，但可

以思考該如何面對這些條件。是決定接受既定劇本，照著別人給你的路線走，還是打破這套規則，寫下屬於自己的冒險故事？

這本書不是來告訴你該怎麼做，而是幫助你認清：**現在的自己，就是各種選擇之下的結果**，而未來的你，將會是你從現在開始每一個選擇的總和。

## 👣 你的「不完美」，才是你最強大的超能力

如果人生是一場角色扮演遊戲，你覺得自己是個「完全無缺陷的超級英雄」，還是「帶著瑕疵、但仍然能闖關的勇者」呢？

你也許希望自己更聰明、更瘦、更美、更帥、更外向、更有天賦，或者更像那些心裡偷偷崇拜（或嫉妒）的人。但現在，有個殘酷的事實是──**完美，並不是你需要的東西，因為它根本不存在。**

我們需要的是接受現在的自己，並且學會帶著那些「缺陷」繼續前進。這世界上沒有「全屬性滿點」的玩家，最強的角色，從來不是沒有缺點的，而是懂得運用獨特的組合打出最佳的戰鬥方式。

> 當你停止與別人比較，成長才真正開始，
> 不需因為他人的成就而貶低自我，
> 也不必為了符合期待而修改自己的劇本。

現在，請試著思考這個問題——如果不需要迎合任何標準，你想成為什麼樣的人？

## 👣 這個世界並不公平，
## 　但你可以創造自己的規則

你是否曾想過，有時候人生就像一場根本沒做好平衡設計的遊戲？

有些人一出生就是 VIP 帳號，隨時有外掛加持；有些人卻像開局就拿著破爛武器，怎麼打都很難升級，例如班上某些同學含著金湯匙出生，光是家世背景就能讓他們少奮鬥 20 年；有些人只靠運氣，隨便搭上風口就輕鬆成功。而你拚命努力，卻始終難以得到應有的回報。

荒謬的不是這世界沒規則，而是這些規則根本沒打算對每個人都公平。

然而，不管這世界怎麼對待你，依然可以選擇投入、行動，然後用自己的方式打破眼前這套不公平的規則。如同《異鄉人》作者卡謬認為，真正的「反抗」不是去破壞這個遊戲規則，而是選擇「活在當下，並全力投入每一次的挑戰」。

**之所以反抗，不是因為世界不公平，是你拒絕讓這個不公平的世界「定義」你。**

所以，雖然我們無法修改遊戲的「官方原始設定」，但你可以成為黑馬、找到隱藏玩法，甚至開創自己的版本。

## 👣 你是否真正認識自己？
## 　　還是只是在扮演別人期待的角色？

「你是誰？」這問題聽起來簡單，但你的答案，是否只是學校成績單、家人的期待或社群媒體的標籤？

關於自己是誰，並不是一個簡單的選擇題，而是一個不斷進化的過程。

沒有人的「角色設定」在出生之後就固定下來，**你的自我是動態的，就像遊戲裡一樣，每一次的選擇、挑戰與改變，都讓你變成不同的自己。**

曾讀過的書、走過的路、遇見的人甚至有過的失敗都在塑造著你。但問題是，你有沒有真正去探索這些經歷的意義？還是只照著別人的指示，過著「被預設好」的人生？

　　認識自我，不是找到固定的答案，而是學會允許自己不斷改變。所以，我們不必急著定義自己是誰，只需要自問：「現在的我，想往哪裡走？」

# 在開始之前──
開啟你的冒險藍圖

　　如果人生是一款 RPG 遊戲，那麼你現在正在哪個關卡？你仍在平凡世界的開場劇情，還是剛剛接受了一場重大挑戰？或者，已經挺過最艱難的戰役，準備迎接最終的蛻變？

　　美國神話學家約瑟夫・坎伯在《千面英雄》中提出了一個驚人的發現──無論來自哪個文化、哪個時代，所有偉大的英雄故事都有著相似的模式。從《星際大戰》、《哈利波特》、《魔戒》，甚至你最喜歡的 RPG 遊戲⋯⋯許多冒險故事，幾乎都遵循著這套「英雄之旅」的框架。但這並不只是神話與小說的老套劇情，而是你我人生的縮影，我們每個人其實都是自己人生中的主角，你可能還沒發現，但早已經踏上專屬於自己的「英雄之旅」了。

◎

　　這場旅程包含了 17 個階段，從「平凡世界」到「冒險的召喚」，從「跨越門檻」到「重大考驗」，最終，你將「帶著聖杯歸來」，成為全新的自己。在開始之前，我們可以

先靜下來，檢視自己正處於以下哪個階段：

| 階段 | 你的冒險關卡 | 這代表什麼？ |
| --- | --- | --- |
| 1.<br>平凡世界 | 每天上課、寫作業，覺得人生有點無聊，但又不確定自己要做什麼。 | 你的生活很安穩，但內心卻隱約覺得自己應該要有更大的目標。 |
| 2.<br>冒險的召喚 | 有人告訴你（或是你自己想要）可以去參加某個考試、比賽、嘗試新挑戰，但你不確定自己敢不敢。 | 機會來敲門了，可能是一個新活動、新目標，甚至是一次人生的重大選擇。 |
| 3.<br>拒絕召喚 | 我好像想試試看……但我怕失敗、怕麻煩、怕別人笑我。 | 心裡想跨出去，但恐懼讓你猶豫，這是你要克服的第一個難關。 |
| 4.<br>超自然的助力 | 有人出現了，給了你一個建議、一句話或是一個機會，讓你開始有點信心。 | 給予助力的可能是你的老師、朋友，甚至就是手上的這本書。他們是人生的「導師」，給予武器與知識，幫助你踏出第一步。 |
| 5.<br>跨越門檻 | 你決定試試看，終於要開始面對新挑戰。 | 你已經踏出了舒適圈，這是你的第一步！這一刻，你的世界開始有了巨大的改變。 |
| 6.<br>鯨魚之腹 | 這件事沒有想像中簡單，你開始懷疑自己是否該繼續下去…… | 這是最低潮的時刻，你可能想要放棄，但同時也意味著真正轉變即將開始。 |
| 7.<br>試煉之路 | 你開始發現，原來這個世界比你想得還要複雜，甚至有人（也許是社會的運行規則或是自己的潛意識）不希望你成功。 | 你遇到了困難、競爭對手，當然也可能有貴人相助，而這一切都是成長的試煉。 |

| 階段 | 你的冒險關卡 | 這代表什麼？ |
|---|---|---|
| 8.<br>與女神相會 | 某個人（或某本書、某個啟發）讓你產生了新的視角，開始對自己的未來更有信心。 | 可能是一個導師、朋友，或是一次自我覺醒，幫助你重新定義你的目標。 |
| 9.<br>狐狸精女人<br>（誘惑與迷失） | 你發現某個選擇（也許是一款手機遊戲、也許是某項目前正在熱衷的活動）讓你很舒服，但也導致你停滯不前。 | 這是一場對你的考驗——你會選擇舒適，還是繼續冒險？ |
| 10.<br>向父親贖罪 | 你終於開始面對那個一直束縛你的恐懼、陰影或過去的傷痛，甚至是過去曾經失敗的創傷。 | 這個恐懼或創傷可能是源自於家人的期待、外界的標籤，或是你內心的自我懷疑。 |
| 11.<br>神化 | 你意識到真正的強大不是沒有弱點，是接受自己的全部，並學會運用它。 | 這是一個重要的突破，你終於發現自己的價值，並決定全力以赴！ |
| 12.<br>終極的恩賜 | 你突破了重重關卡，獲得了一項真正寶貴的東西。 | 這可能是一場勝利、一個成就，或者是一次深刻的學習。 |
| 13.<br>拒絕回歸 | 你開始懷疑，自己真的要回到原本的生活嗎？ | 你已經不是當初那個人了，回到原來的世界，可能讓你感到格格不入。 |
| 14.<br>魔幻脫逃 | 最後一場戰鬥來了，你要用過去所學到的一切來面對它！ | 比方說最終的考試、面試、比賽，或是你真正的挑戰時刻。 |
| 15.<br>外來的救援 | 就在你覺得自己快撐不下去時，有人或某種機緣幫助了你。 | 可能有是貴人提攜相助，也或者是你過去的努力終於發揮效果，讓你看到一線曙光。 |

| 階段 | 你的冒險關卡 | 這代表什麼？ |
| --- | --- | --- |
| 16.<br>跨越回歸的門檻 | 你再次回到了日常生活，但你已經不再是過去的自己了。 | 你發現，世界並沒有變，改變的是你現在的眼光與能力。 |
| 17.<br>自在的生活 | 你現在不只是變得更厲害，而是你還能幫助別人一起成長。 | 這不僅僅是一場個人成長的冒險，而是一場影響世界的旅程。 |

你目前正處於哪個階段呢？是準備選擇大考的志向、猶豫著要不要開始一份新的工作、是否要投入新的興趣、加入與以往不同的社交圈？無論此刻的你是準備「踏出第一步」，還是正在經歷「試煉之路」，請記住——**每一場冒險，都是為了讓你成為更好的自己！**而在這個過程中，內心的志向、人格特質、初始角色能力都有可能產生動態性的改變，先別急著抗拒這些轉變。

第 **1** 章

# 勇者啟程！

## 接受召喚，開啟你的專屬冒險

本章將帶你探索潛能，找到屬於自己的主線劇情，無論現在處於哪個階段，最重要的是勇敢踏出第一步，因為真正的英雄，從來都不是等到準備好才出發。

## 01 解鎖你的主線劇情，找到初始職業

如果人生是一款 RPG 遊戲，你的初始職業會是什麼？或者，在選職業以前，連能力點數都還沒分配？

這並不是一個遙遠的問題，是你現在就該思考的事，也許有人會認為天賦是天生的，某一天終究會被發現，但事實上，如果不主動探索，你的天賦僅僅是無法解鎖的技能，永遠無法發揮它的真正價值。

試想一下，當你站在一片廣闊的冒險者廣場上，周圍都是即將踏上旅程的勇者。這時，一位白鬍子賢者緩緩開口：「年輕的冒險者啊，你即將踏上一段傳奇之旅……但在此之前，必須選擇屬於你的道路。」你會如何回答？

（A）「我不知道我的天賦是什麼，我該怎麼選？」

（B）「我怕選錯，會不會後悔？」

（C）「別人都說某個職業好，那是不是就該選它？」

無論選擇哪一個答案,如果抱有這些疑問……這代表你即將開始真正的探索。

此時,賢者從斗篷裡掏出一張卷軸,上面寫著不同的天賦類型——冒險者天賦檢測,能幫助你找到最適合自己的道路。

▶ 選擇你的冒險職業——哪種英雄最像你? ◀

| 人格類型 |
|---|
| 實用型 |

| 人格特質 |
|---|
| 喜歡動手、注重實際操作,情緒穩定,擅長解決實務問題。例如,你可能是未來的工程師、技師,或生活中的 DIY 達人。 |

| 人格類型 |
|---|
| 研究型 |

| 人格特質 |
|---|
| 充滿好奇心,喜歡分析和解決問題,對未知世界有無窮探索慾,但不一定喜歡實際操作。這類人未來可能會成為學者、程式設計師、科學家。 |

| 人格類型 |
|---|
| 藝術型 |

**人格特質**

熱愛創造,喜歡透過音樂、畫作、寫作來表達內心世界。你未來也許會是音樂家、小說家、設計師,甚至是新媒體創作者。

**吟遊詩人**

---

| 人格類型 |
|---|
| 社會型 |

**人格特質**

富有同理心,善於與人溝通,喜歡幫助他人。你可能會成為醫生、心理學家、老師,或引導世界變得更溫暖的推手。

**神隱善人**

---

| 人格類型 |
|---|
| 企業型 |

**人格特質**

領導力強,擅長組織與決策,對挑戰充滿熱情,適合成為創業家、業務高手、運動員、政治家,甚至是未來的 CEO。

**英勇戰士**

智謀軍師

| 人格類型 |
|---|
| 事務型 |

| 人格特質 |
|---|
| 規劃力強,喜歡條理分明的工作模式,適合處理複雜資訊與管理事務。例如,你未來可能會從事數據分析師、財務顧問、專案經理、公務員等。 |

　　來吧,這不只是測驗,而是你的第一次任務——在最符合你的敘述旁邊先做個記號(如果沒有適合的,也可以自己創造一位新角色)。當然,每一個人的人格特質都是立體且多元的,通常不只有單一面貌,而我們的人生路徑也不一定僅有一種發展可能。因此,當你選定某一個角色之後,仍然可以參考其他的人格類型,還能將各種人格類型重新加以組合,比方說,成為「具有煉金術士技能的科學智者」(我會在〈1-3〉進一步說明)。

　　試著找到自己的起點吧,從你所選擇的初始職業開始,來摸索自身的人格特質,並想像看看今後將邁向什麼樣的人生。

## 02 聆聽內心的召喚，找到推進人生的動力

傳奇故事裡，英雄總是在某個關鍵時刻接到「召喚」（Call to Adventure）──亞瑟王發現了石中劍；哈利波特收到了霍格華茲的信件；愛因斯坦在辦公室裡的閒暇時光突發奇想，而改變了物理學的未來。但現實世界並不會如此戲劇化，沒有人會突然闖進你的房間，遞給你一封寫著「這是你的使命」的信。相反地，你的召喚可能藏在生活的細節裡，以一種平凡無奇的方式悄然降臨⋯⋯

在坎伯的《千面英雄》中，召喚是英雄旅程的第一個關鍵階段，代表主角被邀請離開熟悉的「平凡世界」，踏上一段未知的冒險旅程。這個召喚通常以各種形式出現，例如一個挑戰、一個危機、一個新機會，或是某種不可抗拒的內在渴望，促使英雄必須做出選擇。

## 👣 召喚的三種形式

召喚不會只有一種樣貌,它可能源自你的內心或環境的推動,甚至可能出於一種無法解釋的直覺,讓你對某件事產生強烈的好奇。如果還不確定自己的召喚在哪裡,可試著從以下三個方向來思考:

**內在夢想的呼喚——來自未來的自己**

有些人的召喚,來自內心最純粹的渴望,就像一個未來的訊號,不管你如何試圖忽視,它總會在內心深處悄悄回響。回想看看小時候的經驗:

- 在某門課上,全神貫注地聽講,卻感覺時間過得飛快?

- 曾經對某個學科、技能或知識領域感到異常著迷,甚至不需要任何人催促,就會主動去鑽研?

- 曾因為某個社會議題、科技突破或歷史事件而感到興奮,非常想再去深入了解、思考或與人討論?

有人從小就知道自己熱愛什麼,比如喜歡數學,總能樂此不疲地解題;喜歡寫作,即使沒有人要求,仍然會記錄自己的想法與故事;熱愛科學,喜歡不斷地提問、探索未知的事物。

許多人起初會「拒絕召喚」(Refusal of the Call),因為害怕未知、缺乏信心,或受到責任感、社會規範的束

縛；有些人則是因為現實的壓力、懷疑自己的能力，或害怕這條路不穩定，而選擇忽視這個召喚，不過，旅程的命運通常會讓英雄最終不得不接受召喚，否則將面臨更大的內心掙扎或外在衝擊。

## 外在壓力的驅動──被環境推向冒險

然而，並非所有的召喚都來自內心的熱情，有時，召喚是被迫發生的──歷史上，許多改變世界的人，不是因為「一開始就夢想要做某件事」，而是因為環境的推動，讓他們不得不去面對挑戰。

司馬遷是中國史學的開創者、《史記》的作者，但你是否想過，這部流傳千古的巨作，竟是他在極度屈辱與痛苦中完成的？司馬遷原本是漢武帝朝廷中的太史令，但因為替戰敗的將軍李陵辯護，因而觸怒漢武帝，被判處殘酷的宮刑。

在極度的絕望中，司馬遷並未讓仇恨吞沒自己，也未讓現實壓垮理想，他選擇將自身處境轉化為記錄歷史的動力。他筆下所寫的不只是帝王將相、興亡更替的鉅作，更是在回答一個根本的提問：「一個人面對命運的重壓，還能不能留下價值？」更引發後人深思：「我們應該為了什麼而活？」

**英雄的誕生，往往不是在光榮的起跑點，而是在世界最**

黑暗的角落。司馬遷的故事,讓我們看見一個殘酷而真實的問題:當你所堅信的一切遭到踐踏,被迫承受從未想像過的屈辱,那時候,你還會選擇堅持初心嗎?

## 探索未知的渴望——你的世界比你想的還要大

有些召喚,不是出自你有所熱愛的領域,而是尚未接觸過的世界。

我們對世界的理解往往是片面的,**學習不只是掌握既有的知識,它更是一把「探索未知」的鑰匙,幫助你發現那些從未想過的可能性**,如果你從來沒有嘗試過某件事,又怎麼能確定自己是否適合呢?

比方說,你可能以為自己「不擅長數學」,但如果試著學習寫程式,或許會發現你對解決邏輯問題充滿興趣;你自認為是不喜歡社交的「I人」,但如果加入了感興趣的社團,也許會留意到自己其實很享受與志同道合的人互動;原本一直覺得理工領域太困難,但嘗試學習人工智慧、天文學、機器人等應用領域時,卻看見它充滿創意與想像力的另一面;或者你可能認同「文學無用論」,但當你開始寫作、經營自媒體或學習說故事技巧時,才發覺這些能力對溝通與表達有極大幫助。

## 如何回應召喚？行動開始後的試煉

拉回現實生活，我們可以試想：你的學習志向是自己的選擇，還是出於父母的期待、社會的標準，或現實的經濟壓力？又該如何不被這些壓力推著走，進一步轉換它？但是你不需要馬上找到正確的方向，只要開始走，路便會在眼前出現。不過，當你真正開始行動、探索新領域後，可能會經歷嚴酷的「試煉」（Trials or Tests）。

在《千面英雄》中，「試煉」是英雄旅程中不可或缺的階段，通常發生在我們試圖跨越門檻、正式進入冒險世界之後。在這個階段，人們將會面對一連串的挑戰、敵人、困境，這些試煉的目的不僅是考驗能力，也讓他有機會成長、強化內在的信念與技能，為最終的轉變做準備。

試煉考驗的是英雄的意志與能力，這些挑戰可能是挫折、智力測驗、道德抉擇，甚至是內在的掙扎，例如恐懼、懷疑、自我否定等，在遭遇試煉的過程中，英雄通常會結識夥伴，建立同盟，也會遇到對立的勢力，這些角色的出現會影響英雄接下來的冒險旅程。

試煉，象徵著英雄從懵懂無知，到經過困難洗禮、蛻變成更成熟、更強大的自己。很多人開始學習某個領域後，發現和自己想得不一樣，就會陷入迷惘，覺得自己是不是選錯了。這時，你可以試著自問幾個問題：

「我是真的不喜歡這個領域,
　還是只是遇到了初學者的挫折?」

　　很多時候,我們誤以為「學不會」=「不適合」,但其實只是因為還在適應新技能的學習曲線。通常在剛起步時,我們會進步最快,之後的成效則會趨於平緩,每個人的情況都不同。

「這個領域的哪些部分讓我感到有趣?
　哪些部分讓我不適應?」

　　也許你對程式設計有興趣,但討厭數學;可能熱愛文學,但不喜歡為了工作或繳交學校作業而寫。試著拆解問題,看看是否有調整的空間,而不是直接放棄整個領域。

「如果我對這個領域沒興趣,該如何轉換方向?」

　　興趣不是「非黑即白」,你可以在不同的學習方向中找到更適合自己的切入點。比方說,發現自己不喜歡純粹的科學研究,但可能會喜歡科學寫作、科普教育,這反而有可能成為你之後經營自媒體、發表文章的一大利器。

　　記住,開始學習不代表「必須堅持到底」,我們有權利調整學習路徑;學習的路並非直線,而是可以轉彎的,無須一下子找到「最適合」的方向,而是要一步步調整。

> 行動才能帶來答案，
> 調整才能找到方向！

## ❗ 方向可以變，但前進的決心不能變

「沒有人能預測未來，但如果願意適應變化，你將比別人更快找到適合自己的路」。當你開始回應召喚，踏上冒險之旅時，可能以為自己終於找到了方向，卻遇到了瓶頸，這時我們可以提醒自己幾件事：

### 旅程從來不是一條直線

你原本設定的方向，可能會因為環境、經驗而改變；曾經堅持的事情，或許會需要調整方向；一路也可能會不斷心生懷疑。我們很容易對於未來產生固定的想像，但現實是，**真正能夠走得遠的人，並不是一開始就「選對」的人，而是懂得在前進中調整的人。**

### 試著在「堅持」與「適應」之間找到平衡

「遇到困難時，我應該堅持，還是該改變？」這是每

個人在學習與成長過程中都會遇到的難題。應該「堅持下去」的時候，可能有以下幾種徵兆：

① **遇到暫時的挑戰或挫折，但仍然對這條路充滿熱情**

　　剛開始學吉他時，你可能連基本的按弦都覺得困難，指尖疼痛、手指不靈活，最簡單的和弦轉換都難以上手。看著那些能夠輕鬆彈奏整首歌曲的高手，開始懷疑自己是不是「沒有音樂天賦」。然而，如果能熬過這個適應期，每天持續練習 10～15 分鐘，逐步加強指力與靈活度，大約兩到三週後，你的手指可能會慢慢習慣琴弦的壓力，還能彈奏出完整的旋律。這時候，你才真正體會到「堅持」的價值，並且進入享受音樂的階段。

② **雖然辛苦，但你知道這條路長遠來看，仍有價值**

　　你可能覺得數學很難，每次上課都覺得難以理解，考試成績也不理想，讓你懷疑自己是否適合這個領域。然而，如果夢想成為一名科學家，無論是物理學、工程學、人工智慧，或是經濟學、醫學研究，數學都是這些領域的基石。世界級的科學家如愛因斯坦、費曼也曾面對數學的挑戰，但透過不斷練習、調整學習方式，最終掌握了這門工具，並用它來解開宇宙的奧祕。

如果你希望繼續嘗試，也許可以換一種學習策略，比方說，從課堂學習轉換成實作練習。此外，還要找到更適合自己的學習工具，例如換一位老師、找找不同的學習資源與方法。放棄之前，可以先試著「換個角度」去學習。

然而，當這件事為你帶來的痛苦大於快樂，可能就是該做出「適應與調整」的時候了。

比方說，有位學生原本對二類組的程式設計充滿興趣，除了是身邊的朋友選擇了這條路，以及家人建議未來就業市場需求高，加上人人都嚮往去台積電工作，於是便選擇了資工相關學群。一開始，他充滿幹勁，努力學習Python、C++，甚至報名了程式競賽，但隨著課程深入，開始心生枯燥，對解數學公式、寫程式感到極大壓力，連每次上課都覺得痛苦不堪。

這時，我會建議他應該「及時停損」，不妨與學校輔導老師或學長姐討論學群轉換的可能性，了解其他類組（如醫藥、生物科學）的發展路徑，如果確認自己的興趣確實在其他面向，則考慮是否在學測或分科測驗時調整志願，或者是未來透過轉系、雙主修等方式，再漸進式地修正學習方向。

### 當環境發生重大變化，需要重新評估你的選擇

你原本計畫每天放學後花三個小時準備考試，但由於家裡的經濟狀況發生變化，開始需要利用課餘時間打工，導致原本的學習時間大幅縮減。在這種情況下，與其直接放棄準備考試，不妨考慮調整讀書策略，例如：利用通勤、休息換班的「零碎時間」來學習，或者是優先處理關鍵科目等。

每個人都需要懂得在曲折中前進，如果願意學會這種**「彈性堅持」**的能力，你將比那些習慣硬撐或輕易放棄的人走得更遠。因為堅持並不代表一成不變，適應並不意味著放棄，而是找到最有效率的成長方式！

# 讓你順利學習
# 新事物的小訓練

藏寶箱

學習的內容若不集中，可能會分散大腦注意力，增加認知負擔，進而降低學習成效。因此，想要成功學習新知、嘗試挑戰全新領域，最好的方式是「一次專心學習一項新事物」就好。你可以跟著以下步驟循序漸進，並記錄你學習新事物的旅程。

### 一：重溫你的「學習線索」

▷▷ 寫下三門讓你最投入、最感興趣的課程或活動，回想你為什麼特別喜歡它們？

▷▷ 回憶一次你曾經投入大量時間在學習某個技能、研究某個主題或完成某個專案時，感受到極大滿足的經驗。

▷▷ 問自己：「如果沒有人給我壓力，我最想投入的領域是？」以下的答案，可能就是你的召喚。

## 二：檢視你的「外部動力」，轉換壓力為成長機會！

▷▷ 列出讓你感到有壓力的事情，例如考試、升學、工作、家人的期待，再往下追問自己：「如果這些壓力消失，我還會選擇這條路嗎？」

（如果你的答案是「會」，那麼這個壓力可能正是你的召喚；如果你的答案是「不會」，那麼你可以怎麼調整學習策略，讓它更符合你的興趣？）

▷▷ 再深入進一步思考:「即使這不是我最有興趣的領域,我可以從這段學習中獲得什麼有價值的能力?」

## 三:擴展你的「未知清單」,發掘你的潛在召喚

▷▷ 列出五件你從未嘗試過,但曾經感到好奇的事:

① _____

② _____

③ _____

④ _____

⑤ _____

▷▷ 選擇其中一件,在未來一個月內去體驗看看,例如參加相關課程、讀一本入門書籍,或實際動手操作。如果能嘗試學習一個與你目前的專業領域完全不同的事物,或許將為你開啟新的可能性!這世界很大,別讓「我不會/我不要/我不想/我不熟」這些話,成為探索新領域的阻礙。

### 四：如何調整前進的方向？

接下來，繼續觀察並寫下的感受，看看自己是否對這件事產生更多的興趣，或發現新的潛力。過程中你可能會有想放棄的時候，此時，不妨先從以下幾個面向來回顧自己的學習。

① **評估你的學習經驗**

回顧過去 1 ～ 2 個月內的學習過程，寫下：

▷▷ 這段時間裡，我在哪些時刻感到最有成就感？

_____

▷▷ 這段時間裡，我在哪些時刻感到最挫折？為什麼？


② **決定要堅持，還是調整方向**

▷▷ 如果你仍然對這個領域有興趣，但遇到困難，試著寫下「有沒有其他方法可以讓學習變得更容易」？

▷▷ 如果你對這個領域完全失去興趣,請寫寫看「在這個領域中,是否有其他部分可以轉換方向」?

③ 實際做出行動調整

▷▷ 如果決定繼續堅持:嘗試設計一個小目標,讓自己更有成就感。

▷▷ 如果決定轉換方向:可以寫下這個領域的其他可能應用,看看是否有不同的切入點。

## 03 英雄技能樹開啟，打造多重職業組合

　　讀到這裡，現在你已經擁有了初步的特質辨識與冒險傾向。但除了認識自己，更重要的關鍵在於，要如何升級你的技能組合，打造出能真正上場出擊的配置表。這時候，可以召喚出一個技能藍圖神器——曼陀羅思考法（Mandala Chart）。

### 連大谷翔平都在用的思考術

　　曼陀羅思考法是將一個主題或問題分解成九個部分，每部分代表著一個特定的點線面。不是單純把空格填滿，而是你個人冒險藍圖的打造術，它能幫助你從模糊的興趣出發，一層層拆解出清楚的發展主題與具體的行動策略，從角色選擇、裝備配置、任務挑戰一路通關。接下來，就和大家分享完整的實作流程。

### Step 1：畫出你的夢想中心

　　先拿一張紙，畫出一個「3×3的九宮格」，在正中央那

格，寫下**你此刻最真實的渴望**，不管它聽起來多抽象或多日常，只要那是能讓你心跳加快、眼睛發亮的事就可以。

例如：我想充實地度過人生每一天——這就是你人生這一階段的冒險主題。

## Step 2：延伸出八個提問——解鎖你的思考模組

再來，請從這個核心出發，在中間那格的周圍寫下八個延伸提問。這些提問就像是即將開啟的八個副本任務，會讓你從不同角度更認識自己，像是：

1. 何時會覺得今天過得很充實？
2. 即使做很久也不會覺得累的事？
3. 我最嚮往的生活樣貌？
4. 哪些時刻我感覺自己是有用的、有意義的？
5. 扛下哪些任務或擔任什麼角色時讓我總是全力以赴？
6. 有沒有特別欣賞的人？為什麼？
7. 別人曾因我做了什麼而感到被幫助？
8. 不考慮薪水和名利，最想做什麼？

你可以任選一題來開始，當然，也不妨回顧看看自己在生活中的各種行為，並找出其它隱藏的線索。這不只是紙上練習，而是你未來幾年人生要做出選擇的參考地圖。這

八個提問將幫助你從不同角度掃描內在資源，也會慢慢拼湊出未來職涯角色的樣貌。

## Step 3：再往外拆解八個思考方向——
## 　　　　找出行動關鍵點

現在，每一個提問就像是地圖上的一座任務據點，等你親自前往探索。請針對每一題，再寫下八個屬於你自己的經驗片段、觀察或具體行動。這些答案，就是你冒險途中撿到的資源寶石——每一顆看起來都很平凡，拼起來卻閃閃發光。

例如：針對「何時會覺得今天過得很充實？」你可能會寫下——

1. 每當我完成一個具體任務或目標；
2. 和朋友聊了一場深度對話；
3. 學到新技能或新知識；
4. 有機會幫助別人；
5. 做了一點讓自己開心的事；
6. 沒有滑太多手機，時間掌握在自己手裡；
7. 寫了一段能記錄下來的文字；
8. 今天的情緒起伏我都能看懂也處理得不錯。

每個答案，都是一塊你心中的拼圖，也可能是一個關於你未來「副職業」的線索。

## Step 4：組成你的曼陀羅地圖

最後，把你的中心主題、八個提問與每個提問下的八個思考方向，整合成一張9×9（共81格）的曼陀羅圖。這時你會發現：這不只是一張圖表，而是一份非常立體的「行動地圖＋自我說明書＋夢想使用手冊」。

你可以把這張曼陀羅圖當成人生的起點素材，或每當自己迷惘時，回來翻一翻，看看那個時候的你寫下了什麼。未來，它也可能成為你申請大學備審時最動人的敘事起點——因為這是一張你親手畫出來的夢想攻略圖。

完成了這張九宮格曼陀羅圖，一層層寫下自己的觀察與答案之後，你其實已經相當於繪出了一張專屬於你的生涯雷達圖。下頁提供一張空白範例，試著填入看看吧！

| | | | | |
|---|---|---|---|---|
| 範例：學到新知識、新技能。 | | | | 範例：研究有興趣的主題（如影劇）。 |
| | 何時會覺得今天過得很充實？ | | | |
| | | | | |
| 範例：解開別人的困惑、提供建議。 | | | | 何時會覺得今天過得很充實？ |
| | 哪些時刻我感覺自己是有用的、有意義的？ | | | 哪些時刻感覺自己是有用的、有意義的？ |
| | | | | 有沒有特別欣賞的人？為什麼？ |
| 範例：欣賞能把興趣當成工作的人。 | | | | 範例：被稱讚我的卡片寫得很溫暖。 |
| | 有沒有特別欣賞的人？為什麼？ | | | |
| | | | | |

| | | | | | 範例：有機會與他人交流，並分享自己的觀點。 |
|---|---|---|---|---|---|
| 即使做很久也不會覺得累的事？ | | | | 我最嚮往的生活樣貌？ | |
| 即使做很久也不會覺得累的事？ | 我最嚮往的生活樣貌？ | | | | 範例：做一份報告或讀書筆記時。 |
| **我想充實地過人生每一天。** | 扛下哪些任務或擔任什麼角色時讓我總是全力以赴？ | | | 扛下哪些任務或擔任什麼角色時讓我總是全力以赴？ | |
| 別人曾因我做了什麼而感到被幫助？ | 不考慮薪水和名利，最想做什麼？ | | | | |
| | | | | | 範例：結合閱讀、影劇來進行創作。 |
| 別人曾因我做了什麼而感到被幫助？ | | | | 不考慮薪水和名利，最想做什麼？ | |
| | | | | | |

第 **1** 章　勇者啟程！接受召喚，開啟你的專屬冒險

41

那麼接下來，請你再退一步，重新看著這張圖，問問自己：這些答案之中，**最常出現的動詞是什麼？**是陪伴、傾聽、創作、規劃、觀察、設計、分享、研究……？這些動詞，就是你潛藏的技能關鍵詞，它們會帶你一步步靠近適合的主職業與副職業。

| 你的曼陀羅圖如果最常出現這些詞…… | 可能主職業（角色） | 你可能適合的未來任務與職場樣貌 |
| --- | --- | --- |
| 整理、規劃、分析、系統、效率 | 智謀軍師型 | 擅長整合資訊與安排流程，喜歡結構清楚、有邏輯的任務。適合數據分析、行政規劃、公職體系、財務管理等職業。 |
| 好奇、研究、觀察、思辨、邏輯 | 科學智者型 | 喜歡深入理解事物、追根究柢，對未知有高度興趣。適合科學研究、程式開發、資訊工程、科技創新等領域。 |
| 創作、故事、設計、轉化、文字 | 吟遊詩人型 | 善於用創意詮釋內在世界，享受表達與轉譯。適合藝術設計、寫作、影像創作、文化推廣、新媒體內容等工作。 |
| 傾聽、陪伴、細膩、理解、安撫 | 神隱善人型 | 富有同理心，喜歡照顧他人情緒與人際關係。適合從事教育輔導、心理助人、社工服務、健康照護等角色。 |
| 帶動、組織、策劃、主動、領導 | 英勇戰士型 | 熱愛挑戰、敢於帶頭，擅長號召與決策。適合團隊經營、行銷企劃、公共關係、運動推廣、創業實踐等領域。 |

| 你的曼陀羅圖如果<br>最常出現這些詞…… | 可能主職業<br>（角色） | 你可能適合的未來任務與<br>職場樣貌 |
| --- | --- | --- |
| 實作、動手、打造、<br>解決、修復 | 煉金術士型 | 強調實用與操作能力，偏好實<br>際執行與動手完成。適合技職<br>工作、工程建設、產品開發、<br>生活設計、工藝技術等方向。 |

舉例來說，如果你的圖像中常出現：

◉ **喜歡觀察別人情緒、對話細節→擅長人際洞察。**

◉ **樂於撰寫文字、設計簡報→具備內容整合與表達能力。**

◉ **渴望與人交流並產生啟發→享受知識傳播與啟發式互動。**

那麼你極有可能是屬於——主職業潛能：智謀軍師型角色。你不一定是戰場上衝鋒陷陣的劍士，但擅長在資訊與人心中精準判讀、擬定策略。遇到事情會先問：「這麼做對整體有幫助嗎？」「這個人的反應背後代表什麼？」你對做得完美有所堅持，對人性與知識有興趣，喜歡整合混亂、設計結構、分析變因。

而你可能適合的主職業包括（如下頁）：

| 個人特質 | 可能的未來主職業 |
| --- | --- |
| 懂得理解他人 | 心理學研究者、輔導老師、職涯諮詢師。 |
| 喜歡整合知識 | 教育設計師、知識平臺企劃、策略顧問。 |
| 擅長處理資訊 | 編輯、研究人員、內容分析師。 |

而副職業潛能或許是：吟遊詩人＋神隱善人型角色。因為你並不只是擁有理性的大腦，還有一顆溫柔而細緻的心。你寫下的那些感動、陪伴、欣賞、回饋，顯示了對他人的共感能力。你可能常常不是最出鋒頭的角色，卻是團隊裡默默支撐氣氛、照顧大家心情的存在。舉例如下：

| 副職業角色 | 具體可發展的方向 |
| --- | --- |
| 吟遊詩人 | 情感書寫者、故事策展人。 |
| 神隱善人 | 班級心理溫度觀察員、活動幕後支持者。 |

當然你也可以經營一個小小的 IG 文字帳，記錄日常情緒觀察；成為社團中的溝通者或氣氛引導者，或者幫別人做反思紀錄、撰寫人物專訪等等。

此外，你並非只能選一條職業道路，而是可以擁有一套屬於自己的職業組合包——主職業「智謀軍師」加上副職業「吟遊詩人＋神隱善人」，在白天的理性策略中擬定前進路線，在夜晚的靈感筆記裡療癒人心。你是個同時擁有

洞察與創造、思辨與溫度的混職冒險者。

這就是屬於你的多重職業冒險藍圖的第一頁。

最後，要提醒大家的是，不同格子的回答中若出現多組關鍵字，可能代表多職業混合型，這也是一種獨特優勢。因此，我會建議大家先將曼陀羅圖的關鍵詞圈出，再來比對 P.42～43 的表格，就可以快速定位自己的角色傾向。

## 04 打破「命運預設值」，別讓標籤決定你的未來

你的技能樹已經啟動，屬於你的多重職業組合也逐漸成形。但必須面對一個更深入的挑戰，在展開人生的冒險前，先檢視一下現在所走的道路，究竟是自己真心選擇的主線劇情，還是這個世界自動設定的標準劇本？從小到大，我們可能聽過不少次這樣的話，像是：

- 「數理好才有前途，文科出路不多。」
- 「考公職比較穩定，不要想太多。」
- 「興趣可以培養，但千萬別當正職。」
- 「如果你不按部就班，未來一定會後悔。」

在現實生活裡，這些或許來自你的父母、老師、親戚，甚至整個社會環境，與其說是基於經驗法則，不如說它更像是一套「無形的預設值」，在還來不及摸索自己的性格、能力與夢想之前，就為你定義了何謂「安全」與「成功」，更悄悄排除了其他可能性。但你可曾停下腳步問自己：現在腳下的，是你真正想走的劇情主線，還是只是系統預設的推薦任務？

## ❗ 好學生＝好未來？

「只要好好讀書，未來就會一帆風順。」這似乎被視為通往成功的保證。然而，當你真正踏入現實世界，才會發現這條路其實通往的只是「某種特定的未來」，而不是「唯一的好未來」。

學校擅長評估的是**找出「標準答案」的能力**。比方說，是否能在時間內算出正確的數學題？是否記得歷史事件的年份？能否寫出符合標準格式的作文？這些能力固然重要，但出社會後會發現，真正的難題並不存在正確答案，反而需要你進一步判斷、創造、溝通、協作。

許多時候，這種「學霸劇本」的設計，是假設你會繼續在「答題制度」下生存：考試厲害→考上好學校→找穩定工作→爬上升遷階梯。也許這套模式適用於某些行業，但當世界開始快速轉動、產業結構重新洗牌、AI 與自動化顛覆人力市場時，會考試未必能等於能適應變動。

你一定也聽過類似這樣的案例。高中三年都是模範生，進入名校，卻在大學時迷失方向，不知道為什麼唸這個科系，也不敢轉換跑道，只好硬撐下去；又或者順利畢業、找到工作後，才發現自己對那個行業毫無熱情，只是不想浪費過去求學歷程所累積的「沉默成本」（過去的努力和心力、時間）而勉強堅持著。

反觀那些曾被認為是「不聽話」的學生，在課堂上總

是問為什麼、不肯照抄板書、老是想做些與課程無關的東西。他們也許考試成績的表現平平，但當人生不再有標準答案，反而更能靈活調整、主動學習、推論出屬於一套解法。因為他們早就習慣自己找出路，不怕走岔路，也不怕重來一次。

以我的求學經歷來看，我一向都不是父母師長眼中的乖小孩，從小就不習慣照著別人的規則走，也經常因為「太有主見」而吃盡苦頭。不僅一路顛簸，國中轉學、高中轉學、大學甚至重考，這些在別人眼裡看似偏離正軌的經歷，反而讓我更早開始思考一個根本問題：我走的這條路，是我自己選的嗎？還是只是活在別人安排好的選項裡？當然，也曾經懷疑過自己是不是太叛逆才讓人生繞遠路，但後來發現，是這份不願妥協的性格，讓我有機會深入理解自我，選擇我願意承擔的方向。我只想成為自己真正想要扮演的角色──哪怕不夠安全、不夠穩定，至少是自由的。

回過頭來看，你會發現臺灣與全球的產業版圖正在劇烈變動，而這股變化的速度與複雜度，遠遠超過你在學生時代曾經背誦過的任何一份課本知識。從中美貿易戰帶來的供應鏈重組，到戰爭與地緣政治撼動全球能源與糧食體

系，再到貨幣競爭導致資本市場大幅震盪，這些看似遙遠的國際事件，其實都正悄悄改寫著每個人的職涯未來。你曾以為的穩定職涯，如一份能做到退休、每年加薪、有明確升遷路線的工作，至今已成為稀有的傳說，連某些看似穩固的行業，也可能在一夜之間面臨淘汰或轉型。

面對這樣的世界，真正重要的早已不再是把標準答案記牢，而是能否**在變局中持續學習、迅速調整、靈活切換人生的角色設定**。套用「英雄技能樹」的說法，你不需要把所有技能點數壓在單一主線職業上，而是要懂得打造屬於自己的複合型流派，成為既可以擅長主攻，也能隨時支援的人；能應付遠距轉職，也能隨時啟動副職業模式。這不只是求生存的策略，更是一種自我成就的自由。

真正的「好未來」，從來不是靠誰說你是「好學生」定義出來的，而是來自你能否活成一個有熱情、有好奇心、能主動升級自己技能點數的冒險者。

## 👣 努力＝高收入？

「只要你夠努力，就一定會成功。」這張被翻皺的遊戲說明書，印滿了密密麻麻的規則條款，提醒人生的通關密碼就是：勤奮、上進、不喊累，但它從未告訴你，這場遊戲早就被偷偷更新過無數次了。

在前個世代，這個等式確實曾經成立。那時的社會結構較為線性，你願意吃苦、從基層做起，大多能換得穩定的工作、逐年上升的薪資與某種可以預想的生活；但當世界進入一個高密度競爭、低報酬增長、變動快速的結構轉型時代，這條「只要努力就會有收穫」的路不僅開始失效，更會讓你在不知不覺中燃燒殆盡，成為過度儲能、卻無法釋放的疲憊角色。

努力準備每一場考試，卻可能因一次失常被判定「不夠格」；投入大量時間加班，卻發現升遷從未輪到你；不斷進修、考取證照，履歷寫得滴水不漏，卻總在最後一關被輕輕一句「我們會再通知你」刷掉。你懷疑是不是自己不夠努力，還可以再撐久一點、再壓榨自己一點。但這種懷疑，正是這套劇本最狡猾之處：**它讓一切不公正、不合理、不健康的現象，都變成「你的錯」。**

你以為內心的不快樂，是因為還不夠拚命；認為沒人看見你，是因為自己還不夠好；以為身體開始出狀況，是因為不夠堅強。但你沒發現的是——這套劇本根本沒有給予其他選項。它只教你如何「撐下去」，卻從未教你如何「選擇方向」，甚至忘了提醒：選擇本身也是一種實力。

在這樣的世界裡，「努力」不再是一種積極的行動選擇，而逐漸變成一種社會施加的自我審判機制。它讓你把每一分時間、體力、心力，全都投入到升級主線技能，卻

從不讓人有空間停下來問一句:「這條路,是我真正想走的嗎?」

在你的人生路上,努力不該只是通往報酬的籌碼,是一種來自內心的選擇,是你決定為了某個真心想守護的目標,而願意投注的光與熱。努力值得被尊敬,但不該成為自我壓迫的理由。因為沒有人需要透過疲憊,來證明自己的價值。

> 你值得為對的事情努力,而不是只為了活成別人眼中「夠努力」的樣子。

## 👣 選對路就能一勞永逸?

「不要想太多,去考個公職最穩」、「能進大公司就別放棄」、「你是文組喔?那很難找工作吧」——這些話語,構成了我們成長過程中最常聽見的背景音,像一組已被內建在系統裡的選項提示,告訴你只要選對行業、挑對科系、進入好公司,人生就能穩穩通關、不會出錯。

這種劇本邏輯非常迷人:它給了一個明確的方向、一個固定的答案,彷彿只要選對位置,人生就能按表操課、順

利升級。但這種「一勞永逸」的幻覺，其實是建構在過去某個特定社會結構與時代氛圍中的標準答案，但那個版本的世界，早就悄悄更新了。

考公職曾經代表穩定，是因為臺灣過去的經濟尚未自由化，政府與國營事業主導多數產業，能考上公職就等於「被國家養一輩子」，有薪水、有年資、有退休金。但現在的公務體系不僅逐漸轉為契約聘僱與專案進用，整體職務的彈性、挑戰性與成就感也未必能滿足年輕世代對自我實現的渴望。你也會發現，當身邊越來越多人「考上之後卻想離開」，或許穩定不再是終點，而變成一種框限。

進大公司也一樣，過去只要在名片掛上幾個龍頭企業的招牌（台積電、聯發科、大型銀行金控、大型外商巨頭公司），就能換得社會的掌聲與親友的放心。但在這個講求靈活與創造力的時代，大公司的舞臺未必容得下每個人的想像。有些人在體制內得心應手，有些人卻像被固定成量產零件；有些人確實在體系裡飛黃騰達，也有些人每天在電梯裡重複微笑，卻連自己在追求什麼都忘了。

至於「文組沒出路」的說法，從來就不是事實，只是過去太少人願意去翻新這個定義。文組的價值在於對語言、文化、敘事、心理與社會的理解，而這些能力，在 AI 無法共感、品牌需要故事、群眾渴望意義的時代，反而變成各大企業、社群平臺甚至是日常生活中最稀缺也最具影響力的角色技能，只是這些能力不是一張學歷就能兌現，而

必須靠持續鍛鍊與應用場景的創造。

如果說過去的邏輯是「找對工作、選對行業，就能一勞永逸」，那麼現在你應該明白，這世界早已沒有「永逸」這件事。穩定、出路、前途，從來就不是別人給予的，而是你能不能根據自己的特質與價值觀，組裝出一套能自我調整、自我更新的職涯模組。與其找那一條「最對的路」，不如建立一套「走得下去又走得出來」的自我系統。

這不是否認穩定，而是提醒你：穩定不該是用來逃避風險的藉口，而是你應該對自己的能力有信心，即使風向改變，也能再次起步，人生不是填志願、選公司、進單位就結束的選擇題，它是持續升級、經常轉職、偶爾打副本的 RPG，沒有一條路能保證萬無一失，但可以創造出一條，讓你想走、能走，也走得精彩的路。

## ❗ 如何重置你的人生劇本？

要重置目前走過的劇情，不必發起巨大革命，只需要一些微小但真誠的嘗試。試著用幾個方式，來啟動一場新冒險吧。

### 設定一年「迷你冒險」

選擇一件你一直想嘗試、但總是擱置的事，並且用一年

的時間，認真地體驗與實踐。比方說在大學畢業後為自己規劃「gap year」，可以去國外打工換宿、去語言學校當交換學生等等。

### 探索「意外技能」

挑戰自己每個月去嘗試一項陌生的事物，也許是繪畫、也許是剪影片、也許是登山旅程，在意料之外的世界裡發現你未曾察覺的能力點。

### 加入「異世界交流」

可以有意識地走出同溫層，和不同興趣圈、相異背景的社群互動，打開你對世界的想像邊界。最初可以從門檻較低的方式開始，比如說平常喜歡看的是心理勵志書，但不妨試著參加一次推理小說讀書會，以拓展視野。

最後，請勇敢地重新定義你的主線劇情，打造真正屬於你的英雄之路，記住，人生不是別人設定好的標準任務，而是一個開放、可以自由探索的世界。你可以很乖，也可以很叛逆，**真正的機會，不在擁擠的標準道路上，而是未被發掘的領域與個人的獨特價值。**

現在，正是時候重新審視你的人生目標了。

## 05 隊伍集結！人生不是單人遊戲，找到英雄夥伴

平時的你，是個「獨行俠」嗎？是否曾心想：「只要我夠強，就不需要依靠別人。」「團隊合作很麻煩，還不如自己做比較快。」「總是覺得自己格格不入，別人不一定會理解我。」

如果有過這樣的想法，那麼，你或許正試圖想「單人通關」這場人生遊戲，你可能認為，成功完全取決於個人努力，與他人無關；只要足夠拼命，就能克服所有挑戰，獨自闖出一條路。

但你是否有察覺到，世界上真正成功的人，幾乎沒有一個是完全靠自己獨力完成冒險的？

### 從單打獨鬥到召集夥伴

在文學與歷史中，那些最具影響力的英雄，幾乎都不是單打獨鬥的。《水滸傳》的宋江，如果沒有梁山泊的百名

好漢，僅憑個人力量，如何能在亂世中立足？《西遊記》的孫悟空，天資聰穎、法力高強，但如果沒有唐僧、豬八戒、沙悟淨，他能走完整條取經之路嗎？

這些故事告訴我們，真正的冒險，從來不是一個人的征途，而是與志同道合的夥伴一起，互相扶持、彼此互補，最終攜手走向更遠的世界。

## 《水滸傳》中宋江的團隊，如何成就梁山好漢？

在《水滸傳》裡，梁山泊並非一開始就是一支完整的「英雄戰隊」，而是經過逐步擴展、整合與試煉，最終形成百名好漢的強大勢力。最初，梁山只是少數幾名英雄的避難之地，例如晁蓋、吳用等人因誤殺貪官，逃亡至此，逐步建立據點。

隨著故事發展，英雄們陸續因不同的契機加入——有的是被逼上梁山（如林沖因高俅迫害逃亡至此）、有的是主動投靠（如武松在殺了西門慶、報仇後選擇入夥），還有的則是因為梁山勢力漸大，願意認同其中的價值觀（如關勝、呼延灼等人從朝廷降將轉為梁山好漢）。

然而，真正讓梁山成為一股強大勢力的，並非單純的「人數增加」，而是透過「組織整合」與「資源運用」，形成一支具有戰略規劃與協作能力的隊伍。

宋江雖非最強的武者，但他憑藉個人的「識人之明」與「包容之心」，讓原本個性迥異、背景複雜的好漢們能夠攜手合作。

在梁山泊，我們可以看到不同類型的英雄如何組成一支近乎完美的團隊：

| 類型 | 代表人物 | 在團隊中的特質 |
| --- | --- | --- |
| 戰士型 | 魯智深、武松。 | 近身戰鬥強大，勇猛無畏，但需要戰略家指導方向。 |
| 軍師型 | 吳用、朱武。 | 擅長計謀，為團隊制定戰略，避免無謂衝突。 |
| 靈活型 | 戴宗、燕青。 | 適應力強，情報蒐集、傳遞關鍵訊息，確保團隊不會被敵人圍剿。 |
| 領導型 | 宋江、晁蓋。 | 負責團隊決策、調解內部衝突，確保所有成員能夠互相合作。 |

由此看來，宋江並不是最強的武者，但他懂得如何運用每個人的優勢，讓梁山泊從一群零散的江湖豪傑，發展成足以撼動天下的勢力。

> Point　如何運用「梁山泊法則」建立你的夥伴網絡？
> - 找到願意一起共同成長的人，而不是只想依賴你的夥伴。有些人只會在你風光時靠近，當你陷入低谷時卻選擇離開。真正的夥伴，應該是在關鍵時刻仍然選擇站在你身邊的人。
> - 了解彼此的強項，讓每個人都能發揮所長，而不是互相競爭。並非每個人都適合當領導者，也不是每個人都需要成為衝鋒陷陣的勇者。一支優秀的隊伍，是讓每個人都發揮最佳價值，而非內部彼此消耗。
> - 在團隊中，你的角色不一定是「最耀眼的」，但你可以是讓團隊變得更強的關鍵人物。不需要總是站在最前線，但如果你的存在，能讓整個團隊更穩定、更強大，那麼你的價值就無可取代。

當你開始用這種方式思考，會發現，團隊並不是「誰比較強」，而是如何讓彼此變得更強！

## 《西遊記》裡的每個角色，都有他在隊伍裡的獨特價值

如果說《水滸傳》展現的是「大型英雄團隊如何互補」，那麼《西遊記》則是一個小型隊伍成功運作的最佳範例。

唐僧與西遊三人組（孫悟空、豬八戒、沙悟淨）的旅程，不僅象徵著英雄個體的成長，更是「在挑戰中學會合作」

的典範,他們的特質各異,若單打獨鬥,都無法成功完成取經之旅,唯有透過互補與協作,才能克服九九八十一難,達成最終目標。

這個取經團隊,正是一支典型的「互補型隊伍」:

| 類型 | 代表人物 | 在團隊中的特質 |
|---|---|---|
| 戰士型 | 孫悟空。 | 天賦異稟,戰力最強,但個性衝動,需要引導。 |
| 輔助型 | 豬八戒。 | 實力雖然不如悟空,但擅長後勤補給,提供生存保障。 |
| 穩定型 | 沙悟淨。 | 性格沉穩,維持隊伍的和諧,不讓衝突升級。 |
| 領導型 | 唐僧。 | 不善於戰鬥,但能提供信念與方向,讓隊伍不會迷失。 |

在取經的旅程中,孫悟空原本認為「靠自己就行」,但他慢慢發現,每個夥伴都有各自的價值,而他也從「衝動行事」變成「懂得保護隊伍」,這正是個人成長與夥伴價值的最佳例子。

**Point 善用《西遊記》的隊伍策略**
- 不要輕視隊友的貢獻,每個人都有其價值,即使他的角色不像你那麼耀眼——有些人擅長思考策略,有些人擅長執行計畫,學會尊重夥伴的價值,而不是一味追求自己的光環,才是長久合作的關鍵。

- 強者不代表完美，懂得與他人合作，才能真正發揮最大力量！一個人再強，能力再全面，總有他無法勝任的地方。找到能夠彌補你弱點的夥伴，比試圖「自己做全部事情」更重要。

- 找到你的隊伍，並學習如何互相支援，而不是彼此比較！你不需要和夥伴爭奪誰更優秀，應該思考「如何讓整個團隊變得更好」。

當你站在團隊裡，不要只思考「我能做什麼」，而是「我如何與夥伴互補，讓整個隊伍變得更強？」

## 👣「有些關係，只會讓你更累？」——辨別真正適合你的夥伴

在遊戲中，如果團隊的隊友只會躲在你身後，讓你一個人承擔所有風險，那麼你遲早會筋疲力竭，或懷疑自己是否該繼續這場冒險。同樣地，在人生這場遊戲裡，你當然也不會希望自己拖著一群與你目標不同，甚至不願意前進的隊友。

在先秦儒家當中，充分地談論到「擇友」與人際關係的智慧，也深刻體現了對「適合夥伴」的辨識標準——孔子在《論語》中提出「益者三友」，強調應選擇正直（友直）、

誠信（友信）、博學（友多聞）的夥伴；也強調應該迴避「損者三友」——諂媚逢迎、阿諛奉承的人（便辟），他們缺乏原則，迎合他人的錯誤觀點，可能導致你迷失方向或做出錯誤決策；表面和善、背後卻喜歡搬弄是非的人（善柔），他們當面一套、背後一套，容易破壞人際關係和信任；善於花言巧語、誇誇其談的人（便佞），他們常以浮誇的言辭自抬身價，卻缺乏真實行動，可能讓你受到誤導或疏遠真摯的朋友。

而現實中，你是否曾經遇過這樣的夥伴？

- 你滿懷熱情地想做一件事，他們卻總是勸你：「不用那麼拼啦，輕鬆一點比較好。」
- 當你想挑戰自己時，他們只會潑冷水：「這太難了吧？你確定你行嗎？」
- 當你陷入低潮時，他們不是鼓勵你，而是趁機責備：「你當初就不該選這條路！」

這樣的關係，不是夥伴，而是負擔，我們所需要的是能夠與你並肩作戰、互相扶持的人，而非那些在關鍵時刻讓你懷疑自己的存在的豬隊友！

# 你的夥伴關係健康嗎？

請在每個問題後回答「✔ 是」或「✘ 否」，並計算得分：

## Part 01　你的夥伴，是真正支持你的人嗎？

夥伴應該是在你人生低谷時，仍願意站在你身邊的人，而不是只在順境時圍繞你，甚至在你困難時選擇遠離。請試著從以下勾選符合的敘述：

- ☐ 當你遭遇挫折時，他們會提供實際的幫助（如陪伴、建議、情感支持），而不是只是敷衍地說「加油」。
- ☐ 他們能夠認真傾聽你的想法，而不是總是把話題轉回自己，或直接打斷你的發言。
- ☐ 當你想挑戰新事物、突破自己時，他們會鼓勵你，而不是質疑、貶低或潑冷水。
- ☐ 他們會真心為你的成功感到開心，而非暗地裡比較、嫉妒，或刻意貶低你的成就。
- ☐ 在團隊或朋友之間，當有人批評你時，他們會站出來為你說話，而不是選擇沉默或附和批評。

## Part 02　你的夥伴關係，是否讓你變得更好？

好的夥伴關係應該是互相成長的，而不是讓你停滯不前，或者削弱你的自信。請思考以下敘述，並在符合的句子旁打勾：

- ☐ 你的夥伴會鼓勵你學習新技能、拓展視野，而不是總希望你停留在原地、不願進步。

☐ 你們的關係能夠互相幫助與提升,而不是單方面的依賴(如某一方總是索取,而不願意回饋)。

☐ 當你有好點子或夢想時,他們願意與你一起實踐,而不是只會抱怨、找理由不行動。

☐ 他們能夠理性挑戰你的觀點,幫助你看到不同的可能性,而不是一味附和、盲目迎合。

☐ 這段關係讓你變得更有自信,而不是讓你質疑自己、懷疑自己的價值。

## Part 03 當衝突發生時,你們的關係是否能夠維持?

沒有任何關係是完全沒有衝突的,關鍵在於當意見不同時,夥伴之間是否能夠透過溝通解決問題,而不是因誤解而破裂。請回答以下問題:

☐ 當你與夥伴產生意見分歧時,你們能夠透過理性溝通解決,而不是陷入冷戰或衝突升級。

☐ 他們願意在衝突發生後,主動溝通並尋找解決方案,而非一味逃避、不願面對。

☐ 當你犯錯時,他們願意給你機會,而不是直接斷絕關係、不再聯繫。

☐ 相反地,當夥伴犯錯時,你也能夠選擇理解,而不是輕易放棄這段關係。

☐ 你們之間有足夠的信任,即使偶爾發生誤解,也能夠相信彼此的出發點是善意的,而不是總是懷疑對方的動機。

## 結果解析

請計算以上回答「✔是」的敘述總和，然後對照以下解析，看看你的夥伴關係處於哪個階段！

### 12〜15題

### 「黃金盟友」
—— 你擁有最強的夥伴關係！

你的夥伴是真正支持你、幫助你成長、並願意與你一起經歷高低起伏的人。這樣的關係珍貴且難得，請珍惜並用心經營！

### 8〜11題

### 「穩定夥伴」
—— 你擁有不錯的夥伴，但仍有些可以改善的地方。

你的關係整體健康，但可能存在某些盲點，導致某些時候你仍然會感到被忽視或消耗。嘗試透過更開放的溝通，提升彼此的支持與合作。

### 4〜7題

### 「普通關係」
—— 這段關係可能需要重新評估。

你的夥伴關係並不總是支持你，有時甚至會帶來負擔。你可能需要主動尋找更契合的夥伴，而不是讓自己長期處於消耗狀態。

### 0〜3題

### 「消耗型關係」
—— 這些關係可能正在拖累你。

這些夥伴可能不是真的支持你，而是讓你感到孤立、焦慮、甚至懷疑自己的價值。是時候思考，這些關係是否還值得維繫？你是否應該去尋找更適合自己的人？

老子在《道德經》第33章中提出「知人者智」，老子認為，「知人」必須通過觀察言行舉止來了解對方是否適合特定角色或任務。在團隊合作中，選擇合適的人才是成功的重要一步，而且**真正的「知人」需要超越表象，深入了解他人的動機和本質，這種能力需要耐心和洞察力，而非僅憑直覺或短暫接觸來判斷。**

你需要的是能夠一起戰鬥、共同成長、互相支持的夥伴，而不是那些在關鍵時刻拖累你、削弱士氣，甚至讓你陷入自我懷疑的人。

## 06 沒有人天生是主角，
但你可以成為自己的傳奇

你一定有過這樣的經驗——當發現一個新目標、新興趣，內心燃起一股衝動，感覺自己充滿能量，願意為它投入一切。然而，真的開始行動時，在遇到挑戰、卡關、數次受挫後，這股熱情卻逐漸消退，甚至讓你萌生了「不然就放棄吧」的念頭……

### 熱情只是火花，
信念才是讓你完成旅程的燃料

在現實世界裡，夢想與目標的挑戰難度比想像中更高，你可能會遇到來自外界的質疑、自身能力不足，以及一次次的失敗。這時，能夠支撐你繼續前行的，不是當初的興奮，而是更深層的信念——這是比任何裝備都更強大的內在力量。

**熱情 vs. 信念**

熱情，是你「想做」某件事的衝動；但信念，則是你「堅

持去做」的力量。熱情來自於外在刺激,可能因環境改變而消退;信念,是你對目標的深刻承諾,無論環境如何,都不會動搖。

那些真正能夠完成冒險的英雄,不是因為他們的熱情不曾減弱,而是因為信念足夠堅定,讓他們即使在低潮時,依然選擇戰鬥。我們不妨也問問自己:

- 做這件事,是因為一時的興奮,還是因為你真的相信它值得?
- 當挑戰來臨時,你是會選擇堅持,還是由於失去熱情而放棄?
- 你願意為你的目標投入多少?當困難出現時,內心的信念是否足以讓你撐過去?

## 信念的來源:如何打造你的英雄心態?

信念並非與生俱來的,也不是一開始就放在裝備欄裡的「傳說級神器」,而是在一場場冒險中不斷鍛造出的強大力量。就像遊戲裡的新手玩家,剛踏上旅程時,武器破舊、技能生疏,但隨著戰鬥的累積、經驗的提升,他的韌性與信念逐漸變得不可撼動,讓他即使面對強大的敵人,也能穩住陣腳,繼續前行。

▶ 信念 vs. 熱情的差別 ◀

| 熱情 | 信念 |
| --- | --- |
| 短期內帶來動力，但遇到挫折可能迅速消退。 | 即使在低潮或絕望時仍能支撐你繼續前行。 |
| 來自外在刺激，例如看到別人的成功故事或受到啟發。 | 來自內在價值觀，是你對「這件事值得堅持」的承諾。 |
| 當結果不如預期時，可能會放棄。 | 相信即使短期內沒有成果，長期努力依然有價值。 |

## 👣 信念，會為你帶來資源與機會

當你開始相信自己能走得更遠，世界也會回應你的信念，這不只是個浪漫的說法，而是因為心態會影響一個人如何看待世界，進而決定他如何行動。

為什麼那些優秀的人，總是能吸引更多機會？而那些人身邊，也總是圍繞著一群願意幫助他們的人？這並不是因為天生幸運，而是因為他們的信念與行動，吸引了志同道合的盟友。

---

*真正的英雄，是能在最黑暗的時刻，仍與自己的心靈並肩作戰。*

巴西作家保羅‧科爾賀所寫的《牧羊少年奇幻之旅》一書，描寫一位在安達魯西亞的牧羊少年——聖地牙哥，因為反覆夢見自己在埃及金字塔下找到寶藏而決定踏上冒險旅程，一路上，他遭遇重重困難，也曾一無所有，但正因為他的信念從未動搖，吸引了許多貴人——如煉金術士引導他領悟生命的哲理，並陪伴他穿越沙漠；英明的國王梅爾基亞德啟發他追尋天命，教導他「宇宙會幫忙實現夢想」；當然還有他在他在沙漠中邂逅的愛人法蒂瑪，鼓勵他完成自己的天命。最終，聖地牙哥抵達金字塔，但發現真正的寶藏其實在他出發時休息過的一座廢棄教堂裡。這一發現象徵著追尋夢想的過程本身比結果更重要。

在學習過程中，當你碰到瓶頸時可能會感覺無助，但如果堅定地相信自己能找到解法，就會更主動去尋找資源——可能是請教老師、向學長姐詢問，甚至可能就在你翻開這本書某一頁時，突然靈光一閃，找到關鍵的突破點。這些機會並不會憑空出現，而是因為內心的信念讓你願意去探索、去尋找，最後才發現，原來答案一直都在，只是以前沒有足夠的信念去看見它。

> **Point** 定期檢視目前的信念是否符合以下原則
> - 你的信念現在還停留在「內心的想法」，還是已經開始影響你的行動？

- 你的信念是否能夠影響周圍的人，讓這個世界變得更加美好？
- 你是否願意讓你的信念成為你每天行動的核心，而不只是偶爾想起來的目標？

## 成長型思維模式：英雄旅程中的「技能升級系統」

你是否曾經在第一次遭遇挫折，發現事情不如想像中那麼簡單時，內心的熱情便突然消失，甚至開始懷疑：「我是不是根本就不適合做這件事？」

這種想法，是出於一種**「固定型思維」**，也就是相信「聰明、才能都是天生的，學不會就是不適合」的心態，這樣的思維會讓人在遇到困難時選擇退縮，或乾脆直接放棄。但與此相對的，則是**「成長型思維」**——認為只要透過持續的努力與嘗試，每個人都可以變得更強大。而這種心態，才是讓英雄不斷突破自我、開啟更強大能力的關鍵。

心理學家卡羅爾‧德韋克在《心態致勝》中，提出了兩種截然不同的學習模式，可以看出不同的人在面對挑戰時，會如何做出完全不同的思考：

| 固定型思維（被動玩家） | 成長型思維（主動升級玩家） |
|---|---|
| 認為能力和智力是天生的，無法改變。 | 相信能力和智力可以透過學習和努力提升。 |
| 視失敗為證明自己不夠好，感到挫敗。 | 視失敗為學習機會，每次失敗都能帶來成長。 |
| 害怕挑戰，選擇待在舒適圈，避免冒險。 | 勇於迎接挑戰，視挑戰為成長的必經之路。 |
| 遇到困難時容易放棄，覺得自己不夠有天賦。 | 在困難中堅持，持續改進策略和方法。 |
| 對批評持防禦態度，害怕外界對自己的負面評價。 | 將批評視為進步的機會，從中學習和成長。 |
| 專注於短期成就，忽視長遠發展。 | 專注於長期目標，願意為了長遠成就承受短期挫折。 |

## 從成長型思維，到真正的「主角式思維」

讀到這裡，已經學到了成長型思維的核心概念——透過不斷挑戰自我、累積經驗，讓自己在這場人生冒險中持續升級。但我們還需要進一步主導你的冒險。

記得小時候看過的迪士尼動畫《獅子王》嗎？辛巴一開始被教導要成為未來的國王，他對此充滿期待，但同時也依舊稚嫩且自信過剩。然而，父親木法沙的突然去世和刀疤的陰謀讓他陷入深深的自責與迷茫。他選擇逃避、過尚無憂無慮的生活，這種生活雖然讓他暫時遠離痛苦，但也

迴避了自己的責任。後來，娜娜和拉飛奇的出現反而成為辛巴的重要轉捩點——娜娜提醒他榮耀石的困境，拉飛奇則透過哲理性的啟發讓辛巴重新審視自己的身分與使命。那一刻，辛巴意識到，他不僅需要變得更強，更需要承擔起身為國王的責任。他選擇回到榮耀石，不再只是被動地接受命運，而是主動推動改變，從個人成長到承擔領導責任，這不僅僅是力量或能力的提升，更是心態與責任感的蛻變。

總結來說，**成長型思維雖然能讓你不斷變強，但「主角式思維」才能讓你決定自己的劇情。**

如果說成長型思維是「學習、適應、提升」，那麼主角式思維就是「選擇→行動→影響」。真正的強大並非逃避或單純追求力量，而是勇於面對困難、承擔責任並為更大的目標努力，藉此培養自己具備真正的領袖特質——勇氣、責任感以及願意為他人付出的精神！

### ▶ 普通角色的心態 vs. 主角式思維 ◀

| 普通角色的心態 | 主角式思維 |
| --- | --- |
| 等著老師推薦我參加比賽。 | 我要自己找各種比賽機會，去報名挑戰！ |
| 這份工作我不確定適不適合，先等等看。 | 我可以先多方試試看，至少累積經驗！ |

| 普通角色的心態 | 主角式思維 |
|---|---|
| 我覺得沒有人會來找我合作。 | 我要主動認識新朋友，尋找合作機會。 |
| 想學新技能，但怕學不會。 | 先學一點點，再決定要不要繼續深入！ |

## ❗ 主角往往都不是最強的，而是他們懂得「選擇行動」

如果你希望自己成為故事的推動者，而不是被動接受劇情的角色，可以試著練習以下這幾種主角式思維：

### 不等待機會，而是創造機會

「為什麼有些人總是有好機會，我卻沒有？」這是許多人都曾經有過的疑問。然而，如果你仔細觀察，那些總是被機會眷顧的人，並不是因為特別幸運，是因為他們習慣主動出擊。

- 把「如果……」改成「我要……」，從「如果有人找我合作，我會考慮」變成「我要找合適的夥伴來合作」。
- 與其等待世界改變，不如讓自己成為改變的起點。

### 別受限於「他人的標準」,而是定義自己的成就

在許多人的人生裡,成功的定義往往是別人設定好的。好成績、進名校、找到穩定的工作,但我們何不試試翻轉一下思維呢?

- 拋開「別人期待我應該做什麼」,問自己:「我真正想成為什麼樣的人?」
- 如果人生是一本冒險小說,想像看看現在的你會是什麼角色?這是你想要的嗎?

### 視困境為「劇情推動點」,而不是阻礙

在冒險故事裡,每次主角遭遇困境,並不代表故事結束,反而是推動劇情發展的關鍵時刻,但在現實中,不少人卻把挑戰視為「我要停下來」的訊號,而非「前進的契機」。此時,我們能做的是:

- 改變你的視角,把困難當成「重要的轉折點」。
- 用「如果這是一部電影,我的主角應該怎麼做?」的方式,決定你的行動。
- 建立「成長日記」,每次遇到困境,記錄你的學習與轉變,讓自己看見成長的軌跡。

## ❗ 成就不來自於天生的才能，而在於他如何面對挑戰

在遊戲世界裡，你可以選擇成為推動故事發展的主角，站在舞臺中央，影響劇情的走向；也可以只完成系統安排的支線任務，當個不起眼的NPC。

J是我曾經教過的一位學生，在國中時，他從不主動選擇自己的目標，只是被動接受外界給予的一切，隨波逐流；不曾為自己設定方向，總是等著老師、家長告訴他該做什麼；也不思考未來，日復一日地完成「規定動作」，甚至不寫作業、不好好準備考試，每天不過是打發時間，從未主動探索真正想追求的東西。J的成績當然不理想，老師或父母提醒時，他也只是表面上答應，內心卻毫無動力改變。直到某一天，我決定不再和他討論成績，而是直指核心問題。

在某次談話中，我問他：「你現在所做的一切，真的符合你想要的未來嗎？」J有些困惑地看著我。「你的問題，從來不是『學不會』，而是你沒有真正『選擇』過自己的人生。」這句話，像是一記直擊內心的衝擊波，讓他停頓了一會兒。

這一刻，就像是 RPG 遊戲裡的劇情轉折點——J開始反思：自己是不是從來沒選擇過任何事？是否只是順著別人安排的路走，而不是主動規劃自己的方向？

後來他決定開始設定目標,那是他人生真正的起點:第一次規劃自己的志向,而不是等著老師餵養知識;嘗試制定學習計畫,而不是只依靠學校的課表走;主動參加競賽,而不再覺得「這不關我的事」。這時的J,已經成了為自己打造冒險藍圖的主角,並且勇敢接受挑戰,無論結局如何,他都能為這些決定負責。

◎

　　「主角意識」的真正覺醒,不是在我們考高分也不是進入名校的時候,而是在第一次決定**「我的人生應該長怎樣」**的瞬間。這不只是一次學習態度的改變,而是一種思維的覺醒——因為從今天開始,我們要自己決定這場冒險的方向。

# 第 2 章

# 強者養成計畫！

## 練就你的內在力量

沒有強韌的心，就無法成為真正的勇者！在這一章，可以學會如何面對挑戰，培養抗壓力與高效行動力。你將鍛造自己的心理盔甲，確保在未來的戰場上立於不敗之地，學習駕馭 AI 並且在數位世界裡更穩定地前行。

# 01 心靈盔甲鍛造術！培養「抗打擊力」，讓人生不再一擊即潰

壓力，就像在英雄旅程裡無法迴避的 BOSS 戰——有時是接連不斷的測驗，有時是爸媽的靈魂拷問（像是：「你未來到底想做什麼？」），偶爾還有內心那個不安的聲音：「我是不是搞砸了？」但別擔心，我要交給你一件關鍵裝備——心理韌性。

想像一下，如果你身為 RPG 主角，這副「心靈盔甲」不是那種只能擋幾下攻擊就報廢的普通防護，而是一件能隨著戰鬥升級的傳說級裝備。它能讓人擁有**「壓力轉化」**的強大技能——當別人因壓力而崩潰時，你卻能從挑戰中不斷成長。

那麼，這副盔甲該如何鍛造？要怎麼使它強化到足以應對任何危機？接下來，讓我們一步步打磨你的抗打擊力！

## 讓壓力變成你的訓練師

壓力不會憑空消失，它就像某些遊戲中的「強制戰鬥事件」，每隔一段時間就會出現在你眼前。如果改變心態，把壓力當成訓練你的 NPC，那事情就完全不一樣了。

詹姆斯‧克利爾在《原子習慣》這本書裡說：「**成功不是來自一夜之間的奇蹟，而是來自每天那些看似微不足道的累積。**」這跟遊戲的升級機制一樣——沒有人能一口氣練滿99級，你只能一點一滴打怪、練功、升級。

> **Point** 對抗壓力的日常方法
> - 不要只關注大勝利，而是培養「每日小鍛鍊」的習慣，例如，每天專注處理一件讓你焦慮的事，而不是一次想解決所有問題。
> - 設計一個自己的「抗壓系統」，當壓力來襲時，預先想好你的「穩住策略」——可能是運動、冥想、深呼吸，甚至是聽一首熱血歌單。

## 給壓力一點時間，不要急著「秒殺」它

很多人覺得壓力就是要「趕快解決」，但事實上，有時候我們需要的不是馬上搞定，而是讓自己適應它的存在。心理學家發現，一個人如果能在壓力情境中待得久一點，不閃避、不崩潰，心理韌性就會自然變強。

想想遊戲裡的耐力值機制。你不會因為第一場戰鬥就用光所有魔法值，因為還有更難的關卡在後面。所以，當壓力來時，試著做個深呼吸，告訴自己：「我撐得住。」下一次壓力來臨時，也不要馬上逃避，而是試著觀察它10秒

鐘，這10秒，能夠讓你有機會穩住心態，而不是立刻陷入崩潰。

## 微小行動，才是成長的起點

我在教書的過程中，碰過無數個這樣的學生，他們每天都很認真埋頭苦讀，成績卻沒有起色，有時候還倒退，學習成效極低。但他又不敢不認真，一來他的努力對自己是一種安慰，覺得至少他的態度是對的；二來他對爸媽才有交代，代表他並不是沒有把心思放在課業上。

而《原子習慣》中提到，當你開始培養「日常小勝利」的習慣，抗壓能力會像角色等級一樣默默提升，等到下一次大戰（期末考或重要比賽）來臨時，你的韌性已經變得比之前更強。

於是我向班上一位有同樣困擾、成績難有起色的學生S問到：「你每天的學習目標是什麼？」他皺著眉頭思索，卻答不出來。

那一刻，我知道了他的問題不是「不夠努力」而是「不夠精準」，我告訴他「光努力是不夠的，你還需要方向，否則再快的腳步，也只是在原地打轉」。

> 學習，就像練劍。
> 如果你只揮舞劍刃，卻沒有瞄準目標，
> 再怎麼揮砍，也是浪費體力。

後來，我提供了一個簡單卻有效的策略：從小地方開始，讓他可以真切地感受到每天至少都有一點點的進步！我們一起擬定了行動計畫，每天只設定三件可衡量的小目標，例如：

- 今天背完20個英文單字（重點不在時間長短，而是確實記住）。

- 做10題數學計算題，確保自己清楚解題方法，並且要完整寫完算式（避免機械式練習）。

- 整理一課的國文形音義筆記（有系統地記錄，提高複習效率）。

這樣的目標不會讓人感到負擔過重，卻能讓他每天獲得「完成任務」的成就感，進而累積對學習的信心與掌控度。幾週後，S來找我，眼神裡多了一點光：「老師，我覺得自己開始找到節奏了。」成績的進步或許不是一蹴可幾，但當他開始看見自己的進步，這才是真正的轉捩點。

如果每天讓自己進步 1%，一年後，你的能力將會是現在的37倍。但如果每天退步 1%，長期累積下來，進步幾乎歸零，甚至還可能不如從前。這就是成長的關鍵：它不依賴驚天動地的瞬間突破，而是日復一日的微小積累。讓我們試著應用在現實生活中，像是：

- **想學習新語言？每天累積10個單字，一年後你就能掌握3650個。**
- **想變健康？每天多走路20分鐘，幾個月後，體能將有明顯提升。**
- **想提升學習成效？每天多專注10分鐘，長期下來，你的集中力會大幅增強。**

成長沒有捷徑，唯有堅持與積累，而你要做的，就是每天穩穩地往前邁出那一小步！

## 👣 直視自己的不完美

我是經過重考才考上臺大中文系。當時的我，以為這象徵著一場勝利和光明的未來，彷彿破關進入了一個新世界，但現實卻是一場我毫無準備的高難度副本。

每堂課對我而言，都是一次地獄級挑戰。原本期待會遇

到一群同樣歷經千辛萬苦才闖進來的夥伴,結果四周卻盡是天才——那些人學富五車,甚至有人15歲就在研究哲學家康德和叔本華的思想。

這種格格不入不只是短暫的錯覺,而是如影隨形,每天走進教室,我都懷疑自己是不是坐錯了地方;教授的講課聲聽起來都像異世界的語言;課堂討論時,同學們熱烈發言,而我則緊抓著課本,低頭裝忙,深怕被點到名。晚上回到家,我明明累到不行,卻輾轉難眠,腦海裡不斷重播白天的場景,無限內耗著:「我到底在幹麼?我真的配得上這裡嗎?」

於是,圖書館的最後一排成了我的避風港,我刻意挑選人煙稀少的角落,把自己埋進書堆裡。社團招募的海報貼滿了公告欄,但我卻寧可選擇不參加。原本以為這樣能讓自己喘口氣,沒想到漸漸成了一座與世隔絕的小島,而且成績怎麼補救都來不及,還面臨被退學的危機。

我以為是在保護自己,卻沒發現,這種逃避正在一點一滴地掏空我的信心,把我推向更深的孤獨⋯⋯後來,走進校園裡最少人會去的諮商中心,手指緊握著預約約談單,等到坐下時,諮商師語氣溫和地問:「最近還好嗎?」我卻發現自己什麼話都說不出口,喉嚨像被堵住了一樣,而眼淚,卻在下一秒無聲地滑落⋯⋯那一刻才驚覺,原來我已經壓抑了這麼久。

從那天起，我開始學習與自己和解，不再只是硬撐，而是試著讓自己好過一點。比方說，開始晨跑，哪怕只是短短10分鐘，也試著讓心跳取代腦中的雜音，不再讓焦慮填滿每一刻。還買了一本筆記本，寫下每一天的心情，為了讓腦海裡糾結的思緒有個出口，沒想到這些文字讓我更清楚地看見自己，更找到久違的創作樂趣。

我允許自己慢下來，不再一味追趕別人的步調，就算進步得比別人慢，也沒關係。原本以為真正的成長是「變得更強」，但後來才發現，**能夠溫柔地對待自己，才是真正的勇敢。**

日子一天一天過去，我的狀態慢慢變好了，得到了一種終於能夠與自己和平共處的踏實感。回頭看來，我的大學成績或許算不上亮眼，卻學到了一件比分數更重要的事──努力固然重要，但更應該學會照顧自己。

## 英雄的自我調節法：找到內心的力量

每一位英雄都需要休整的時間，才能在關鍵時刻發揮最大戰力。穩定內心，以確保自己能夠長久奮戰，而不會在壓力之下崩潰。

當壓力來襲，我們往往會想要逃避，或者試圖硬撐過去，但真正有效的方式，是**學習如何快速穩定自己的情**

緒，讓理智回歸、內心恢復秩序。以下提供幾種實用的心理調節法，幫助你在壓力爆發時，快速重拾冷靜：

### 3-3-3呼吸法：即時緩解情緒焦慮

在面對強大的敵人時，首先要穩住心神，3-3-3呼吸法是個簡單有效的工具，能協助你迅速重回理智，這個方法隨時隨地都可以使用。

**【適用時機】**

- 考試前、上臺報告前，心跳加速時。
- 突然覺得壓力過大，無法思考時。
- 面對困難抉擇，情緒快要失控時。

**【操作步驟】**

① 三秒吸氣：深吸氣，持續三秒，感覺空氣充滿你的肺部。

② 三秒屏住呼吸：吸滿氣後屏住呼吸，維持三秒，讓自己暫停片刻。

③ 三秒呼氣：慢慢吐氣，持續三秒，將壓力隨著氣息釋放出去。

④ 重複這個過程三次或更多，直到你感覺冷靜下來。

這個呼吸技巧就像在戰場上短暫的防守姿態，讓你重整

心神，準備好迎接下一波挑戰。

### 五感地圖法：回歸當下，穩定情緒

當焦慮情緒爆發時，最常見的情況就是：大腦開始「過度思考」，所有的壞結果在腦海中反覆播放，讓你無法專注在眼前的事情。這時候，你需要回到「當下」，讓注意力離開內心的混亂，轉向外在世界。

**【適用時機】**

- 壓力太大，思緒混亂，無法專心時。
- 緊張焦慮導致身體不適時。
- 需要重新集中注意力，避免陷入負面情緒時。

**【操作步驟】**

① 看見五個事物：環顧四周，找出五個你能清晰看到的物體，無論大小。

② 聽見四個聲音：靜心傾聽，識別周圍環境中的四種不同聲音，如風聲、筆寫字聲。

③ 觸摸三個物品：伸手觸摸周圍的物品，感受它們的觸感，如桌子的表面或你的衣服。

④ 聞到兩種氣味：閉上眼睛，試著嗅出周圍的氣味，或是課堂中書本的味道。

⑤ 感受一種味道：專注在你口中的味道，或想像你喜歡的食物味道。

這個練習就像是在戰鬥前的觀察與覺察，幫助你透過五感穩定情緒，**將注意力從內心焦慮轉移到當下**。此外，這個方法也能使你提升感官敏銳度，對於寫作、藝術創作都有幫助，算是額外小獎勵。

英雄不是不會害怕，也並非從不感覺到壓力，而是他們知道該如何自我調整，確保自己能夠繼續戰鬥。這些調節技巧不只是用來「應付壓力」，而是讓你長期鍛鍊出更強的心理韌性。記住，情緒不會憑空消失，更不能被強行壓抑，學會控制它，就能讓它成為你的夥伴。

## 02 從他律到自律，掌控你的決策與執行力

在英雄的旅途中，每一次升級都意味著拋下不再適用的裝備，改換更強大的武器。這些裝備，並不只是技能或外在資源，而是你每天做的選擇、長期養成的行動模式。

你或許曾經依靠某些習慣來提供穩定與舒適，但如今，它們可能已經成為你的行動鎖鏈，不知不覺地限制了自身的發展，甚至讓人停滯不前。舉個例子，你有過以下這樣的經驗嗎？

- 想早起念書，卻總是無法擺脫賴床習慣？
- 計畫要運動，但每次都找藉口推遲，最後不了了之？
- 想提升專注力，但不自覺地打開手機，一刷就是一個小時？

這些行動模式會讓你誤以為是「自願」選擇這樣的生活，但其實是過去的舊習慣在操控著你現在的行動。接下來我們將學習如何打破那些舊習慣，透過行為設計和心理策略，重新掌控自己的行動模式，以更好地迎接未來的挑戰。

## 👣 習慣的「自動駕駛模式」
## 　　反而讓人迷失？

每天早上，你是否按照某種固定的模式展開新的一天？起床後刷牙洗臉，不假思索地打開手機滑 IG、Threads；接著匆匆吃早餐，或者乾脆不吃；漫不經心地走去搭車，心裡卻還在想剛剛刷到的短影音或手機遊戲；放學或下班回家後，第一件事就是拿起手機，看別人過得多精彩，時間便不知不覺消失了。

這些行為已經成為你的「**自動駕駛模式**」，完全不需要動腦思考。但如果這些行動都是自動的，那麼，人生到底是誰在掌控呢？

相信大家都還記得在國中國文課本上，有一篇經典的課文《習慣說》，作者劉蓉在年少時，經常在一間書房讀書。房間地上有一個凹陷的小坑，他起初經過時常被絆倒，但時間久了便習以為常。有一天，父親來到書房，看到這個情況後笑著說：「一室之不治，何以天下國家為？」隨即派人將坑填平，後來當劉蓉再次經過時，雖然地面已平坦，但他卻感到不適應，彷彿地面隆起了一樣，經過一段時間後，他才重新適應平坦的地面。

這個故事表達了人類容易受到環境與習慣的影響，一旦形成習慣，即使是錯誤或不良的，也會逐漸適應，甚至在改善後反而感到不適。

另一方面,「養成習慣」這件事是我們的大腦為了減少思考負擔而設計的,這樣才能節省心力,將思考與精力專注在更重要的決策上。當然,良好的自動駕駛模式能讓你變得更強大,例如:

## 運動習慣

當每天晨跑或伸展操成為生活的一部分,你將不再猶豫「今天要不要運動」,而是身體會自動渴望活動一下,形成「肌肉記憶」。

## 固定的學習時間

如果每天晚飯後都固定打開筆記、整理當天課程或工作上的重點,那麼你就不會在大考前臨時抱佛腳,或是在重要的年度會議前緊張到睡不著覺。這種不知不覺中累積下來的優勢,會形成自然的「內在節奏」。

然而,未經審視的習慣,也可能成為無形的枷鎖,比方說,**陷入拖延症的迴圈**。你可能習慣性地在壓力下拖延該做的事,儘管「最後還是能趕完」,卻一直處於高壓補救狀態,學不會真正的時間管理能力。

或者是現代人最常見的**沉迷於數位陷阱**,可能造成你總是不自覺地滑手機,因為看短影音比面對問題輕鬆多了,

但這只會讓你對現實的困難越來越無力,而且由於多巴胺作祟,進一步導致手機成癮。此外,**盲目跟隨別人的選擇**也是,一直以來,許多人總是照著家人、老師、社會的期待行事,卻沒有真正停下來問自己:「這條路,真的是我想走的嗎?」

關於習慣,我們要釐清的問題在於它到底是助力,還是讓你停滯不前?

## 👣 覺醒的時刻:
## 從「心」打破舊習的枷鎖

在每款 RPG 遊戲中,當等級提升時,系統會跳出「新技能解鎖」的提示。這時候,你要做的不是無視它,而是選擇要不要點下去。想打破舊習的第一步就是「認清它們的存在」,這一過程就像遊戲中「解鎖隱藏的障礙」,它們往往潛伏在日常生活中,看似無害,實則在不知不覺間束縛了你。

卡謬在《局外人》中曾提到,自由源於認識自身,並選擇如何面對生活中的不確定性。當你能夠察覺那些讓你陷入慣性思維的舊習,並勇敢挑戰它們,改變就從這一刻開始了。

> 態度決定行動，行動決定習慣，
> 而習慣最終會塑造你的性格。

當你選擇以積極的態度去看待挑戰，並踏出改變的第一步時，生活就會開始向著新的方向轉變，這些小小的行動最終會影響你的命運。接下來，我設計了一個實戰練習，大家不妨跟著書中的指示來扭轉舊習慣。

### ▶ 任務挑戰：自動化的舊習慣→新技能轉換計畫 ◀

| 自動化的舊習慣 | 新技能升級版 | 解鎖效果 |
| --- | --- | --- |
| 習慣性拖延<br>（再等一下，我等靈感來！） | 兩分鐘啟動法則<br>（我先做個兩分鐘看看，至少開始了！） | 讓你從「開始很難」變成「開始了就會動起來」。 |
| 無意識滑手機<br>（不知不覺中又過了三小時……） | 設定倒數計時器<br>（我設定20分鐘，時間到就停止！） | 幫助你控制螢幕時間，不被手機綁架。 |
| 習慣性拒絕新事物<br>（這個好難，我不會……） | 嘗試模式 ON<br>（先試試看一次再說！） | 訓練成長型思維，讓你更勇於嘗試。 |
| 賴床成癮<br>（再五分鐘、再五分鐘……） | 早晨儀式設置<br>（起床後先做一件自己喜歡的事。） | 讓早晨變得更有動力，減少賴床時間。 |
| 拒絕求助<br>（自己來比較快，不想麻煩別人。） | 團隊合作加乘<br>（適時尋求幫助，能讓成長加速。） | 提升社交技能，學會更有效地運用資源。 |

改變始於意識的覺醒,只有當你真正看見那些阻礙你的習慣,你才能重生。

## 👣「更換地圖」: 打造適合自己的專屬環境

除了打破舊習之外,調整環境,也能讓你在現實中更輕鬆地提升自己。你是否曾經有過以下經驗?

- 明明想專心讀書,卻忍不住滑手機,結果一恍神就過了30分鐘?
- 書桌雜亂不堪,找個筆記本都要花好幾分鐘,心情也跟著煩躁了起來?
- 一邊讀書一邊聽歌,但有歌詞的音樂讓你忍不住哼唱,一個小時卻什麼也沒記住?

面對這些困擾,許多人會直覺地認為是「不夠自律」的緣故,但事實上,這很可能不是你的錯,而是你的環境出了問題。

在行為科學中早已證明,**環境會決定行為的發生機率**。當人處在一個充滿干擾、難以專注的空間,無論再怎麼努力逼迫自己保持自律,結果往往都是徒勞無功,這並不是因為不夠努力,而是環境沒有辦法支持你去完成目標。

換句話說,關鍵在於如何調整你的環境,讓「對的行為」變得自然。當工作區域變得簡潔、手機遠離你的視線、分心的誘因減少,你會發現,習慣的改變其實不需要意志力的硬撐,只要微調環境就好。

## 掌握內心平靜的秘密武器:正念練習的力量

作為高三導師,我見過許多學生在模擬考失利後的茫然與掙扎,模考成績不如預期,讓他們陷入焦慮與自我懷疑的泥沼,不但讀不下書,連想專注時,腦海裡都還在不斷重播過去的失敗,感覺自己像是進入了混亂狀態,無法做出清晰的判斷?

一個真正能夠闖關成功的英雄,必須擁有穩定的「防禦系統」,才能在連番的強敵與危機中屹立不倒。在考試前,學生們需要的不是努力刷題和錯題檢討,而是一個能夠穩住內心的「防護罩」——能夠抵禦壓力、化解焦慮,幫助他們在考場前夕不被恐懼擊潰,可以冷靜迎戰,發揮出真正的實力。

例如每天晚自習前,我會帶領全班進行**15分鐘的「重啟時刻」**,讓學生暫時脫離學習壓力,恢復內在穩定感。這不只是放鬆,而是一場讓大腦「重置」的內在訓練。步驟如下頁:

① 放下武器（書本和筆）——這是我們的「安全時刻」，不必擔心戰鬥，讓自己進入休整狀態。

② 找到最舒適的位置，閉上眼睛——讓身體放鬆，避免不必要的緊張與壓力累積。

③ 專注於呼吸——感受每一次吸氣與吐氣，讓雜亂的思緒像霧氣般散去，逐漸回歸清明。

④ 觀察環境，沉浸當下——聆聽教室外的風聲、感受椅子的支撐、觀察身體的變化，這些都是讓自己穩定的方法。

◌

這15分鐘，除了身體的放鬆，更是心靈的快速充電，當他們再次提起筆，已經完成了內在狀態的調整，不再是滿身疲憊的戰士。我親眼見證，他們的呼吸變得深長而穩定，眼神不再閃爍不安。這項「內心的秘密武器」使他們明白，無論是考試、學業，還是未來更大的挑戰，只要穩住內心，學會「按下暫停鍵，讓內心重新啟動」，就能突破任何困境。

這就是**正念**（Mindfulness）的力量，它不是什麼神秘的冥想技巧，而是幫助你回到當下，讓自己重新掌握行動節奏。平常，你不需要特別準備什麼，也不用花費大量時

間,只需要花一分鐘,試試看這個快速啟動正念狀態的簡單練習:

## Step 1:按下「暫停鍵」,讓自己停下來

無論你正在忙碌於學業、工作,或是在一片喧囂的環境裡,請讓自己停下手邊的事情,將目光從螢幕上移開,閉起眼睛,深吸一口氣。感受空氣緩緩進入肺部,然後慢慢吐出,像是在為自己按下「重新整理」的按鈕,將心緒從混亂中抽離。

## Step 2:回到此刻,感受自己的存在

將注意力帶回身體,觀察自己當下的狀態——感受空氣輕輕撫過皮膚,聆聽四周的聲音,不論是風聲、人聲,甚至是遠處的喧囂,都只是背景音。專注於自己的呼吸,感受肺部擴張與收縮,或者將注意力放在腳底與地面的接觸,提醒自己:「我是存在於這個當下的。」

## Step 3:讓思緒如雲,靜靜流動

如果雜念湧上腦海,不要急著驅逐它們,也不必焦慮自己無法專心。試著像觀察天上的雲朵一樣,看著這些念頭飄來飄去,不貼標籤、不批判,只是單純地觀看。當你發

現自己又開始胡思亂想，輕輕地、溫和地將注意力帶回呼吸，讓心緒像湖面般平靜下來。

回到當下，幫助內在重新歸位。

## 👣 打破舊習，重新起航

打破舊習不是終點，而是重塑自我、迎接新冒險的開始。當你勇敢地打破舊有的習慣，會發現生活將開始發生微妙的變化……不再受困於過去的行為模式，而是開始掌控自己的時間與選擇，打造一個真正合適的成長環境。做出不同的選擇後，世界也會開始回應你的改變！

# 03 開口即戰力！聽得懂才能說得對

你是否曾遇到想表達自己的意見，卻總是被打斷，最後只能悶不吭聲？明明說了很多話，對方卻好像完全沒聽懂，甚至有所誤解？別人總是能輕鬆說服長輩或朋友，而你的話卻沒有影響力？

這不是因為不夠努力，而是還沒學會如何掌握「溝通法術」！高效溝通，不只是說話的藝術，更是一種思維的訓練。真正的高手都知道，光靠武力並無法戰勝所有敵人，真正能改變戰局的是語言的力量。有人可能以為「溝通能力」就是「會說話」，但事實上，溝通的重點80%在於聆聽，20%在於精準發言，而影響力來自100%的戰略布局。

真正的溝通高手，必定是一位聆聽高手！接下來，我會先帶你解鎖**「深度聆聽三階技能樹」**，確保今後說出的每一句話都能發揮最大效益。

## 👣 第一階：回聲筆記法──
確保自己真正聽懂對方

這個方法的好處是讓對方感受到你真的有在聽，而不是「左耳進右耳出」，避免因為聽不清楚而做出錯誤的回應，減少不必要的誤會。讓你成為一個有影響力、受人信賴的溝通者！

### Step 1：關鍵資訊擷取、回聲確認

當對方講完一段話，請試著用一句話總結對方的重點，例如，當朋友說：「最近壓力好大，學校的作業堆成山，每天都沒時間休息，覺得快喘不過氣了。」

建議的回應：「所以你的意思是，最近學業壓力很大，時間不夠，導致你很疲憊？」

用「所以你的意思是……？」這種方式確認你的理解是否正確，讓對方有機會進一步補充或修正。

### Step 2：根據對方需求調整回應方式

如果對方只是想抱怨，請適時給予情感支持，而非不斷提供解決方案。若對方真的需要建議，不如等他說完後再分享想法，而不是在他講話時急於插話。

## 👣 第二階：關鍵詞拆解法——
## 　　快速找出對話中的核心資訊

這個階段可以讓你快速抓住對話中的重點，不被雜亂資訊干擾，對方也能感受到你真的理解他，幫助你建立有深度的對話，而不是流於表面。

### Step 1：找出對方話語中的三個關鍵詞

當朋友說：「我最近覺得很累，老師一直加作業，然後爸媽又希望我補習，但我真的已經沒時間了，而且每天壓力都很大……」你可以拆解出：「作業多」、「家長要求補習」、「壓力大」這幾個關鍵詞。

### Step 2：將關鍵詞轉化為對方的核心訴求

透過以上關鍵詞，歸納出這個人可能想表達：「我需要休息、時間被過度壓縮。」

### Step 3：根據核心訴求來回應

正確回應：「你的時間被學校和家長塞滿了，這樣真的很辛苦，那有沒有什麼方法可以讓你稍微喘口氣？」

## 👣 第三階：高級同理心訓練——
   不只是聽見，還要感受

最後階段，能幫助你在人際互動中建立更深層的連結，成為「有溫度」的人，而別人也會更願意與你交流。

### Step 1：在每次對話後，寫下對方可能的情緒變化

在朋友和你訴苦之後，多觀察對方的心情變化，是連續幾天依然看起來悶悶不樂，還是有漸漸恢復活力，或者依舊在為原本的問題而煩惱呢？

### Step 2：嘗試推測對方話語背後的動機與感受

對方向你抱怨壓力很大，也許是希望有人可以理解他的感受，對他所處的環境、需要面對的焦慮有所共鳴。你可以多聽聽對方真實的想法，試著站在他的角度、以平等的方式陪伴對方，而不是急於給予建議或說教。

### Step 3：適時給予情感支持，而不是急著解決問題

此時，我們可以進一步同理對方的心情，表達「我明白你正在經歷的痛苦」、「想哭也沒關係」，讓對方知道自己可以展現出脆弱的一面，而不會遭到批判。

## 精準表達——
## 讓你的話語真正影響他人

學會了「深度聆聽」後，理解了對方內心的需求；接著要能夠掌握「精準表達」，才能讓你的話語真正產生影響力。以下和大家分享三種技巧：

### 數據支撐法——用數據讓你的觀點更有說服力

| 錯誤示範：<br>缺乏說服力 | 「多閱讀對你有幫助，你應該每天讀書！」<br>（這樣的說法過於主觀，對方很可能會反駁：「為什麼？」） |
| --- | --- |
| 正確示範：<br>使用數據增強可信度 | 「研究顯示，每天閱讀 30 分鐘的人，比不閱讀的人記憶力提高 20%。這代表如果你每天花一點時間讀書，你的學習效果會變得更好！」 |

### 故事舉例法——用故事讓對方產生共鳴

| 錯誤示範：<br>單純提供數據，<br>缺乏情感 | 「研究顯示，每天閱讀 30 分鐘的人，比不閱讀的人記憶力提高 20%。」 |
| --- | --- |
| 正確示範：<br>加上故事，<br>讓資訊更有影響力 | 「我有個朋友，原本對閱讀沒興趣，但他開始每天讀書 30 分鐘，三個月後，他發現自己的記憶力變好，甚至作文成績也進步了！」 |

### 情感共鳴法──
### 讓對方「感受」你的話,而不只是聽見它

| 錯誤示範:<br>講述資訊,缺乏情感 | 「我覺得你應該開始運動,這樣你的身體會更健康。」(缺乏情感連結。) |
|---|---|
| 正確示範:<br>用個人情感連結,<br>讓對方感受到影響 | 「我以前也不愛運動,但當我開始每天跑步20分鐘,我發現自己上課時更專注、精神更好,甚至不容易感到壓力。希望你也能試試看,因為這真的會讓人感覺更好!」 |

平常練習時,可以找出一個你想說服別人的觀點,試著用個人經歷或情感來加強論點。而真正的溝通強者,會結合以上三種技巧,根據場合,靈活運用數據、故事與情感,來打造最強的表達力。

> **Point** 案例練習:如何說服朋友培養閱讀習慣?
>
> 你可以這樣表達:「研究顯示,每天閱讀30分鐘的人,比不閱讀的人記憶力提高20%(數據)。其實,我有個朋友,原本很討厭讀書,但他開始每天讀10頁書,三個月後,他說他的思維變得更清晰,連作文成績也進步了(故事)。我以前也不愛看書,但當我培養這個習慣後,發現自己的想法變得更豐富,甚至開始寫文章,影響了更多人(情感共鳴)。」

## ▸ 理解對話──
## 　 如何真正看透話語背後的意圖？

在日常對話中，真正的意思往往藏在語言之外。如同薩提爾的「**冰山理論**」──我們所聽見的話語只是浮在水面上的冰山一角，而真正的情緒、渴望與內在動機，則深藏在水面之下。有時候，對方的話看似直接，但背後的意圖卻可能埋藏在語氣、語境，或者沉默之中。如果只聽字面意思，而忽略了話語下的冰山深層結構，那麼即使你的說話技巧再流暢，也可能在錯誤的方向努力，甚至引發一連串誤解。

試想，當朋友淡淡地說：「沒事啊。」你是否能讀懂這句話背後可能藏著「其實我很在意，只是不想讓你擔心」？當同學跟你說：「這件事我來處理吧。」他的語氣是否透露出「我不信任你的能力」或是「我不想讓你太辛苦」？這些都是語言的冰山下層，包含了情緒、期待、價值觀、信念，以及未曾說出口的恐懼與渴望。

學會「**讀懂對話背後的訊息**」，就是看見對方冰山底下的世界。當你能理解對方真正的需求與情緒，你的溝通就不再只是表面的對話，而是能夠真正建立連結、影響他人的強大力量。

## 對話心理學——
## 學會解讀對方的思維模式

根據心理學，人們的思維模式大致可分為以下三種類型：

◉ 理性型（邏輯導向）。

◉ 感性型（情感導向）。

◉ 猶豫型（決策困難）。

我們可以運用這三種模式，提升你的溝通影響力：

| 觀察對方的說話方式，判斷思維模式。 | 選擇合適的說話方式，讓對方更容易接受。 | 根據情境，靈活運用這三種策略。 |

### 面對理性型的人：提供數據與邏輯

| | |
|---|---|
| 理性型特徵 | 1. 喜歡問：「為什麼？」<br>2. 需要有清楚的邏輯才能接受你的觀點。<br>3. 以理性判斷事情，情緒影響較小。 |
| 錯誤示範：<br>用感性方式<br>說服理性型<br>的人 | 「你應該每天運動，這樣你的生活會變得更開心！」（這種說法缺乏數據支持，對理性型的人來說，無法形成說服力。） |
| 正確示範：<br>用數據與邏輯支持你的論點 | 「根據研究，每天運動 30 分鐘可以讓專注力提升 20%，還能幫助腦部分泌多巴胺，增加快樂感。因此，運動不只是讓身體健康，還能讓思維更敏銳。」 |

| 最佳策略 | 1. 使用數據支撐你的論點。 | ➡「研究顯示⋯⋯」 |
|---|---|---|
| | 2. 條理清晰地列出你的觀點。 | ➡「有三個原因,第一⋯⋯」 |
| | 3. 避免情緒化字眼,專注於客觀分析。 | ➡「這個方法的效率提升率是⋯⋯」 |

## 面對感性型的人:提供情感與故事

| 感性型特徵 | 1. 更容易被故事和情緒影響。<br>2. 喜歡聽個人經歷,對數據較無感。<br>3. 需要感受到「被理解」,才會願意接受你的觀點。 |
|---|---|
| 錯誤示範:<br>用數據方式<br>說服感性型<br>的人 | 「根據研究,每天閱讀30分鐘的人,比不閱讀的人記憶力提高20%。」(雖然這是事實,但對感性型的人來說,這缺乏情感共鳴,讓人難以產生興趣。) |
| 正確示範:<br>用故事與情<br>感連結 | 「我有個朋友,原本很討厭閱讀,但後來他開始每天讀書30分鐘,三個月後,他發現自己的思維變得更清晰,甚至表達能力也大幅提升!」 |
| 最佳策略 | 1. 用故事吸引對方。 ➡「我有個朋友⋯⋯」<br>2. 描述感受,而不只是事實。 ➡「當我開始運動後,我發現自己變得更有活力⋯⋯」<br>3. 表達關心,建立情感連結。 ➡「我知道你很辛苦,這就是為什麼我推薦這個方法⋯⋯」 |

## 面對猶豫型的人：提供選擇與支持

| | |
|---|---|
| 感性型特徵 | 1. 容易猶豫不決，總是回答「我想一下」。<br>2. 害怕做錯決定，所以拖延決策。<br>3. 需要有「安全感」才能做出選擇。 |
| 錯誤示範：<br>直接強迫對方做決定 | 「你應該現在就開始運動，這對你很好！」（這種說法可能會讓猶豫型的人感到壓力，反而更抗拒。） |
| 正確示範：<br>提供選擇，<br>降低決策壓力 | 「如果覺得每天運動 30 分鐘太多，可以先從 10 分鐘開始，或者試試每週運動三次，看看哪種方式比較適合你。」 |
| 最佳策略 | 1. 提供選擇，讓對方更容易接受。 ➡ 「你可以選擇 A 或 B，哪個比較適合你？」<br>2. 給予試錯空間，降低壓力。 ➡ 「我們先試試一週，如果不適合，再調整！」<br>3. 強調「沒關係，你可以慢慢來」。 ➡ 「你不需要馬上決定，我們可以再討論。」 |

　　當你學會這套技巧，不只是「會說話」，而是能夠真正「掌控對話」，藉由對話來影響他人的決策，讓你贏得信任、化解衝突，並且在最關鍵的時刻，改變對話的走向，翻轉局勢。這些溝通的核心技巧，正是旅途中最強大的戰鬥力。

# 04 避開數位世界的陷阱！打造你的網路聲望與安全意識

想像你站在一座由資訊與數據編織而成的數位大陸前，手握鍵盤，即將啟程。這裡廣闊無垠、充滿機會——可以透過網路學習新知、拓展人脈、分享你的想法，甚至影響世界。但這裡也是一座充滿挑戰與陷阱的迷宮，每一則發言、每一個點讚、每一次分享，都可能成為未來影響你現實人生的關鍵選擇。

不過，這片數位世界並非只有風險，它同時還是個讓你發揮影響力、建立聲望的絕佳平臺。而你是否能成為一名聰明的數位勇者，善用網路世界打造自己的價值？

## 數位世界的「開局設定」：
## 你的網路身分與影響力

踏入數位世界，你不僅僅是一個帳號、一個用戶名稱，而是擁有「數位身分」的冒險者——所有發言、點讚、分享，都是在為「數位履歷」累積分數，就像 RPG 遊戲裡的角色數值、影響力、可信度、未來的機會，都是累積而來的成果。

而這場數位冒險沒有重新來過的機會，你現在鍵入的每一個字，都可能影響現實生活，甚至在未來的大學申請、求職或人際關係中被搜尋出來。社群帳號就像一本「公開履歷」，現在的你，希望未來的自己怎麼看待這些紀錄呢？想像一下……

- 你在高中時，曾經在網路社群上發表偏激言論或惡意玩笑，幾年後求職時被企業 HR（人資部門面試官）查到，結果直接被刷掉了錄取資格。

- 曾在專業網路主題論壇上分享的一份課堂報告，多年後讓某位教授或企業主管對你印象深刻，反而促成了一個意想不到的實習機會。

### 建立數位聲望：讓網路行為成為你的加分項

你可能會問：「如果數位身分這麼重要，那我要怎麼

做,才能讓它成為自己的優勢?」以下提供大家兩個方向的策略:

**【策略1】**
**管理數位足跡,建立正向形象**
- 用心經營你的社群媒體,讓它展現你的興趣與專業,而不只是發牢騷或跟風。
- Google 搜尋你的名字,看看目前的數位足跡是正面的還是需要調整。

**【策略2】**
**發言前四重檢查,避免陷入不必要的麻煩**
- 發文前,請問自己:「這句話……」
  ① 是否符合事實?
  ② 是否有違法疑慮?
  ③ 是否可能傷害他人?
  ④ 是否可能影響我的未來?

### 避免數位陷阱:保護你的網路安全與合法發言

雖然數位世界充滿機會,但它同時也危機四伏。如果不夠慎重,可能會掉進數位陷阱之中,甚至讓自己面臨法律風險。以下整理了幾個與網路發言有關的法律條文和相關責任:

| | |
|---|---|
| 誹謗與公然侮辱罪 | 如果你在網路上發表不實指控或對他人進行人身攻擊,可能觸犯刑法第310條,最嚴重可面臨兩年徒刑。 |
| 散布假訊息與煽動罪 | 若你在社群媒體上傳播未經查證的資訊,煽動他人恐慌,可能違反社會秩序維護法,被依法懲處。 |
| 網路霸凌與妨害秘密罪 | 如果你在社群上嘲笑、攻擊特定個人,或公開他人的個資與隱私,這不只是「開玩笑」,而是可能構成法律責任。 |

## 👣 鍵盤不只是武器，
　　也是塑造世界的工具

另一方面，數位世界的影響力，不在於擁有多少萬粉絲，而是取決於如何運用這份力量——當你敲下每個字時，你是在建構還是破壞？是在啟發與支持，或煽動與攻擊？事實上，你可以試著運用數位影響力，推動有意義的事物，包含：

### Study with Me 學習直播

有不少學生建立了一個相互激勵的網路環境，他們在 YouTube 或 TikTok 上開啟「專注讀書直播」，讓全球各地的學生能同步學習、互相督促。這些創作者不只是「讀書給自己看」，而是在無形中幫助了成千上萬的學生克服拖延症，建立學習習慣。

### Goodnotes 讀書筆記分享

如果你有良好的學習方法，可以在 Instagram 或 Threads 分享讀書筆記或時間管理技巧，還可以建立一個學習挑戰，如「21天專注學習計畫」，讓粉絲一起參與，提高學習動力。

### 參與公益活動，利用社群媒體傳遞正向訊息

如果對特定的社會議題感興趣（如環保、公民運動），可以利用 Instagram 限時動態或 Threads 開設「公益行動日記」，記錄你參與活動的過程，讓更多人受到啟發；如果無法親自參與大型公益活動，也可以透過社群媒體轉發值得關注的議題，成為推動改變的一份子。

## 資訊時代的智慧之眼：辨別真相

在這片資訊交織的數位大陸上，每一則新聞、每一句評論、每一張圖片，似乎都在述說著某種「真相」……但這些內容經得起推敲嗎？社群媒體、論壇、新聞網站，每天都在不斷生成大量訊息，但這些有多少是基於事實？有多少是經過扭曲？有哪些是假消息、暗藏陰謀，甚至被刻意剪輯、操控，以引導輿論、煽動情緒，企圖影響國家安全、政治局勢或經濟發展？

當然，你並非無力改變這一切，若能擁有清晰的思辨能力與求證習慣，你的雙眼將不再只是接收資訊的窗口，而是成為洞察真相的「智慧之眼」。以下是兩個假訊息如何影響社會的真實案例：

## 接種疫苗會改變人體DNA、快篩陽性等於確診

在2020年COVID-19疫情爆發初期,不僅許多國家出現反疫苗運動,導致疫苗接種率下降;不少人誤以為自己快篩陽性就等於確診,導致大量醫療資源被擠壓,造成醫院負擔加重、疫情規模更加擴大。

## 假民調、錯誤資訊操控大選結果

在歷屆臺灣選舉期間,社群媒體上常常可見「未經證實的民調數據」,還有匿名帳號大量散播「某候選人將落選」、「對手候選人支持率暴增」等假訊息,這些資訊往往有「帶風向」的意圖,目的是影響選民心理,進而左右投票結果。

**一則謠言的傳播速度,遠遠快於真相**。所以當我們在按下「轉發」前,得先確認消息的真實性,檢查是否有可信來源佐證,以及有沒有經過刻意剪輯或誇大。

> **Point** 如何避免成為錯誤資訊的傳播者?
> - 培養「慢轉發」習慣:看到驚悚或聳動的新聞時,停下來,深呼吸10秒,然後查證。
> - 避免分享截圖資訊:許多假訊息來自於「一張截圖」,但沒有原始來源,這類訊息最容易被扭曲。

- 當親友傳來疑似謠言的訊息時，可友善提醒：「這則新聞有沒有可信來源？我剛剛查了一下，好像沒有找到正式報導。」「這則訊息可能是假的喔，這裡有查證報告，我們再確認一下吧！」

## 數位世界的記憶與你的選擇

在107年大考中心的國寫考科研究用試題中，有一題相當經典的題目──被遺忘權，以下為部分文章摘錄：

1998年西班牙一家報紙報導了一位律師的房產被拍賣償債的新聞。事後這位律師還清債務，可是這篇報導卻被轉到Google上，任何人以律師的姓名上Google搜索，就可見到他房產被拍賣償債的紀錄。2010年這位律師向「西班牙資料保護署」投訴，請求該署命令上述報紙將該筆資料自其網站移除，同時請求該署命令Google將這筆資料的連結刪去，以落實法律對個人隱私權的保護。2012年西班牙法院雖以新聞自由駁回律師刪除報紙網站上該筆新聞的要求，但卻判決Google敗訴，認為Google應刪去該律師拍賣房屋償債的連結……歐盟法院判決表示，個人應該有「被遺忘權」（a right to be forgotten），若以某人姓名進行搜尋，出現不利或錯誤的資訊，則資料主體（個人）可向網路營運商要求刪除該網頁的連結。

被遺忘權，是關於數位足跡是否能夠被抹除的重大法律議題，雖然歐盟在2016年通過法規，允許個人向搜尋引擎業者要求刪除不利或過時的資訊連結，以保護個人隱私，但這項權利也帶來了新聞自由與資訊透明度的爭議。支持者認為，數位時代的資訊無法自然消逝，因此個人應該有權決定自己的網路形象，避免過去的錯誤影響未來；反對者則擔心，這可能被濫用來掩蓋負面紀錄，甚至干涉公共利益與新聞自由。

這道考題在當年引發了廣泛討論，不僅在學界掀起熱議，也有許多教師透過課堂討論與文本閱讀，讓學生理解「被遺忘權」的法律與倫理意涵，並進一步延伸思考網路禮儀、資訊安全、自律意識，以及當個人隱私權與社會知的權利發生衝突時，如何權衡這場道德兩難。

無論如何，真正的數位英雄，不是等著被拯救，而是懂得如何保護自己不陷入危機。在網路上，每一則貼文，都是你的人生履歷。也許現在還不以為意，但當你站上求學、求職的關鍵時刻，就會明白它的份量。

## 05　讓AI成為助攻，而非阻礙你思考

在每一場英雄冒險中，勇者都需要蒐集強力裝備來應對未知的挑戰。亞瑟王有石中劍、索倫有至尊魔戒、哈利波特有鳳凰羽毛魔杖，而在這個時代，你的強力裝備，就是各種 AI 工具，包含 ChatGPT、Grok、Gemini，甚至是你手機裡的語音助理。

但請記住，裝備本身不會讓你變強，懂得運用它、善加訓練自己，才是成長的關鍵。如果只是把 AI 當成「偷吃步神器」，讓它代寫報告、解數學題，而自己完全不動腦，這樣一來，一旦失去了 AI，便無法獨立思考，連最基本的決策能力都可能喪失。

真正的勇者，知道如何使用 AI 來強化能力，而不是讓它取代自己的大腦。那麼，AI 究竟該怎麼用，才能發揮它真正的價值？

### ❗ 讓 AI 幫你整理資訊，但「鑑定寶物」的能力要靠自己

在每一場史詩級的冒險中，尋寶者都會踏入未知的遺

跡,面對堆積如山的寶箱與陷阱,而這些寶物當中,有些是真正的神器,也有些只是華而不實的贗品。正如同,在這個資訊爆炸的 AI 時代,如果把自己想像為一名知識探險家,AI 就是一位神秘的情報商人,它能夠提供海量的資訊,幫助你整理學習筆記、總結概念,甚至引導你解開難題──然而,這位情報商人並不總是誠實可靠,它提供的資訊,有時可能是真正的智慧,有時卻是充滿漏洞的錯誤答案。

真正的英雄,並非單純接受所有情報,而是**懂得「鑑定寶物」,篩選出有價值的知識,並透過自己的智慧來查證與應用**。至於如何在這場知識尋寶的旅程中,善用 AI 的力量,卻不失去獨立思考能力呢?以下提供五種具體的應用方式:

### 整理筆記與關鍵知識

| 指令範例 | ● 請幫我整理這篇文章的重點,並用簡單易懂的方式解釋給我。<br>● 將這堂課的筆記整理成條列式摘要,並給我一個簡短的重點總結。 |
|---|---|
| AI 能幫你做什麼 | ● 協助你整理長篇課堂筆記,將重點資訊濃縮成精簡版本,使你更容易記住知識要點。<br>● 將老師的講課內容或書本段落轉化為條理分明的筆記,例如概念圖、階層式摘要。<br>● 用更清晰的語言表達複雜概念,適合用來快速理解陌生的知識點。 |

| 小提醒 | ● 如果 AI 總結的內容過於簡化,可能會讓你忽略關鍵細節,因此最好的做法,是將 AI 提供的筆記與你的課本或老師講義做比對,確保它沒有遺漏關鍵概念。 |
|---|---|

## 透過對話式學習,快速理解難懂概念

| 指令範例 | ● 請用高中生能理解的方式,解釋「熵增定律」,並舉一個生活中的例子。<br>● 請用比喻的方式解釋「神經網絡」,假設我是一個完全不懂 AI 的人。 |
|---|---|
| AI 能幫你做什麼 | ● 讓你用對話式學習的方式,快速理解複雜的學科概念,並提供簡單明瞭的解釋。<br>● 透過 AI,你可以要求它用比喻或實例來解釋知識,讓你更容易吸收,例如:「電流」可以比喻成水管中的水流,電壓則像水壓,電阻則像水管的阻力;「神經網絡」可以比喻成一座巨大的人類大腦,每個神經元都是一名郵差,負責傳遞資訊。 |
| 小提醒 | ● AI 的解釋可能會過度簡化,或者缺少關鍵的科學嚴謹度,所以在使用它的解釋時,你最好再查閱課本或官方資料,確保 AI 提供的比喻或案例不會讓你對概念產生誤解。 |

## 解析數學與自然科的試題,提供完整解題過程

| 指令範例 | ● 請幫我解這道數學題,並提供詳細的解題步驟:$x^2 + 5x - 6 = 0$。<br>● 請用高中程度的方式解釋這道物理題:如果一顆物體以 10 m/s 的初速度拋出,它在 2 秒後的位置是多少? |
|---|---|

| | |
|---|---|
| AI 能幫你做什麼 | ● 提供完整的解題步驟，讓你知道每一步為什麼這樣計算，而不只是直接給你答案。<br>● 提供不同的方法，例如用因式分解法、公式法來解二次方程式，讓你學會多種解題策略。<br>● 針對你的問題提供釋疑，如果你看不懂某個步驟，可以讓 AI 重新解釋，直到你真正理解。 |
| 小提醒 | ● 如果你只是抄下 AI 給的答案，然後直接交作業，那麼這樣的「學習」毫無意義。真正的學習，是理解過程，而不是只會寫出最終答案。 |

## 比較不同解法，拓展你的思考方式

| | |
|---|---|
| 指令範例 | ● 請用三種不同的方法來解這道數學題，並比較它們的優缺點。<br>● 請告訴我這道物理題有幾種不同的解法？哪一種方法最快？ |
| AI 能幫你做什麼 | ● 展示多種解法，讓你了解不同數學工具的應用場景，例如用代數、幾何、微積分解決同一個問題。<br>● 比較不同方法的優缺點，幫助你選擇最適合考試或應用的解法。<br>● 訓練你的靈活應變能力，讓你在考試中遇到變形題時，能夠快速調整策略。 |
| 小提醒 | ● 請你務必自己演算一次，而不是只是「閱讀」解答。當你親自寫過、算過，你才真正掌握了這道題目。 |

## 扮演「出題老師」,幫助你進行練習

| | |
|---|---|
| 指令範例 | ● 請根據以上這類型的數學題,再出五道類似的題目給我練習。<br>● 請幫我設計一份關於牛頓運動定律的小測驗,難度適合高中生。 |
| AI 能幫你做什麼 | ● 生成相似的題目,讓你能夠針對某個類型的數學或物理題目進行反覆練習,加深印象。<br>● 模擬考試情境,幫助你在測驗前練習,並檢測自己是否真正理解該類題型。<br>● 提供即時回饋,讓你在答錯時,能夠立刻獲得解析與建議,而不是等到考試時才發現自己不會做。 |
| 小提醒 | ● 如果每次都依賴 AI 幫你出題,可能會失去自主思考的能力。最好的方式是,自己先出幾道題,然後再用 AI 來補充,看看它是否能幫你設想沒考慮到的題型。 |

## ✌ AI 是你的智囊團,但決策權永遠在你手上

你必須理解,AI 本身並不具備智慧,它只是在「模仿人類的智慧」,它的回應來自於機器學習模型的運算,**並不具備真實的理解力或判斷能力**,因此無法保證它提供的資訊總是準確無誤。AI 可能會因為數據來源過時,進而給出早已被推翻的科學理論;也可能因為訓練數據的偏誤,讓它在某些議題上產生片面或不具邏輯的回答。

因此,不能僅憑 AI 提供的「地圖」行動,而是必須學會辨識方向、交叉比對,才能確保自己走在正確的道路

上。但你該如何避免誤信 AI 所提供的假消息呢？

## 交叉查證

當 AI 提供你某個資訊時，可以先去 Google Scholar、perplexity 或官方機構網站查閱是否有相同或類似的記載，如果某個論點只存在於 AI 的回應中，而沒有任何權威來源支撐，那麼這個訊息的可信度或許不高。

## 多方比較

不同的生成式 AI 工具（如 ChatGPT、Bing AI、Google Bard）可能會提供不同的答案，這是因為它們的訓練數據有所不同。因此，你可以試著在不同的 AI 平臺上詢問相同的問題，看看它們的答案是否一致，或是存在矛盾。如果 AI 之間的回答出現較大差異，那麼就需要進一步尋找人類專家的觀點來佐證。

## 專家審核

在某些學術內容上，AI 可能能夠快速總結資訊，但它並不能取代真正的學者或研究者。當你在寫研究報告、準備論文，或者想要深究某個學科概念時，AI 的回應應該只是一個起點，而非終點。最好的做法，是去查閱論文、教科

書,或直接詢問老師與專業人士,以確保你獲得的資訊經過專業審核,而非來自一個「僅擅長組織語言但不具備真正理解力」的 AI 模型。

另一方面,在數學考科與自然考題的「戰術模擬」中,請先自己嘗試解題,當卡關時再請 AI 提示,而非直接求得答案;理解 AI 的解法邏輯,而非抄寫結果。畢竟最後能讓我們取勝的,是靈活應變的戰術與實力。

> 在知識探索的途中,
> 記得培養「資料鑑定能力」。

## 👣 AI 寫作的迷思:
## 流暢的文章 ≠ 正確的內容

但不可否認的,AI 也是一位天賦異稟的文書、秘書或專業編輯,它能夠幫助你快速產生一篇流暢、條理分明的文章,還能用漂亮的詞句包裝論點,使它看起來充滿邏輯性與說服力,但這個得力助手有個致命的缺陷,有時候它根本不知道在寫什麼,只是根據語料庫中的常見模式,預測出一段段「看起來合理」的句子,有時卻不符合邏輯,還會產生嚴重的謬誤。

你可能會發現，AI生成的文章雖然語句流暢卻連貫性，或者忽略了關鍵的前提條件、不斷重複相同的論點等等。舉例來說：你請AI分析一場重要的歷史戰役，它可能會提供一個看似詳盡的敘述，但如果進一步查閱專業書籍，才會發現AI遺漏了重要的背景因素，甚至誤解了戰爭的因果關係，那麼，我們又該如何進一步判斷AI寫作內容的可信度呢？

**檢視邏輯結構**

當閱讀AI生成的內容時，請仔細檢查這些論點是否環環相扣？是否有前後矛盾之處？是否缺少了關鍵的推導步驟？學習從結構上來分析文章，而非單純被流暢的語句所迷惑。

**對比專業資料**

如果AI的文章中提到某個科學理論或歷史事件，試著查閱學術文獻、官方統計數據，看看它的說法是否有根據。你可以到學術資料庫、政府研究機構的網站或專業的大學課本中尋找支撐證據，而不是全然相信AI的說法。

## 思考 AI 的限制

AI 無法理解真正的「事實」,它只是基於語料庫中的數據,計算出最有可能出現的答案。因此,它會根據「最常見的說法」給予回應,而不一定是最準確的觀點。例如,在社會科學與哲學等領域,AI 可能會過度簡化某些理論,而忽略了不同學派之間的辯論與細節。

在這場知識探索的旅程中,AI 可以為你指引方向,但它不應該是最終答案。無論是獲取資訊或寫作,都請記住,你的判斷力才是決定知識價值的關鍵。

## 你的新世代神器：
## 最強AI工具大集合

藏寶箱

嘿！你是否也曾經在學習的路上卡關，面對問題卻找不到答案？或是寫報告寫到天荒地老，被數據資料搞得頭昏眼花？別擔心，超強的 AI 工具已經是你的學習夥伴，可以讓眼前的任務變得更輕鬆、更有趣！

### 1. ChatGPT：你的24小時智慧導師

這是一款由 OpenAI 開發的超強 AI 聊天機器人，能夠幫你解答疑難雜症，還能幫你寫作、總結資訊，甚至練習語言、分擔心事。如果你在做報告時卡關，或者想讓它用不同風格回答問題，ChatGPT 都能成為最佳助手！

### 2. Grammarly：讓你的英文寫作秒升級

寫英文作文時，總是擔心文法錯誤、句子不夠流暢嗎？Grammarly 可以即時檢查文法、拼寫、提供風格建議，讓文章更加專業、吸引人。不管是學校作業、留學申請或寫信給國外的工作夥伴，表達都能更上一層樓！

### 3. Caktus AI：寫作、程式設計、數學全搞定

它就像是你的學習神器，可以幫你自動撰寫文章、解數學題、寫程式碼。如果你正苦惱於寫作業或不知如何開始，Caktus AI 可以幫你開個頭，讓學習變得更加輕鬆。

### 4. Copyscape：檢查文案是否夠原創

不小心寫出的內容跟網路上的文章太像？Copyscape 能幫忙比對網頁內容，確保你所寫的東西是獨一無二的，避免無意間踩到抄襲的地雷。

### 5. NotebookLM：你的個人學習助理

只要上傳文件或貼上連結，NotebookLM 就能自動幫你整理重點、產生摘要，以及模擬考題，讓你的筆記變得更加高效，考試前的複習更輕鬆！

### 6. Midjourney：讓 AI 幫你畫圖

如果你需要為報告、專案製作圖片，MidJourney 可以幫忙生成各種風格的插圖、藝術作品，讓報告看起來更豐富，減少親手繪製的時間。

### 7. Gamma：一鍵生成簡報

只要輸入標題和大綱，Gamma 就能自動產生一份簡報，還支援繁體中文，不僅省去排版的麻煩，還能讓你的報告更具專業感！

### 8. Perplexity：AI 搜尋智多星

這是結合搜尋引擎與人工智慧的超強工具，能快速找出最有根據、最即時的答案。不論查資料、寫作參考，還是進行學術研究，它都能自動引用來源，為你過濾雜訊、直指核心。

### 9. Napkin：靈感速記小夥伴

不只能記錄文字，還會主動幫你整理思緒、建立關聯、挖掘靈感，是創作者的夢幻小秘書。當你腦中靈光乍現卻怕遺忘，Napkin 就是你最貼心的靈感保險箱！

### 10. FlexClip：影音創作魔法師

這是一款人人都能上手的影片編輯工具，提供各種模板、特效與字幕功能，讓你輕鬆打造吸睛影片。不論做報告、經營社群、還是記錄出遊，都能幫你快速達到專業成果。從零開始，化身剪輯高手。

### 11. Suno：你的音樂創作搭檔

想寫一首歌，卻不會作曲？這款音樂工具只需要幾行提示，就能自動生成旋律動聽、風格多變的完整音樂。流行、抒情、嘻哈或電音，它都能陪你創作專屬的音樂作品，是音樂人、創作者的最佳靈感拍檔！

# 第 3 章

# 蒐集頂級裝備！

## 讓你的技能值 MAX

冒險者不能空手上陣，英雄的力量來自智慧的選擇！

本章將帶你認識增強自己能力的四個關鍵，包括突破盲點、語言影響力、趨勢洞察與高效學習策略。掌握這些技能後，現有的實力將大幅成長，可以更妥善地應對今後的各種挑戰。

## 01 規則挑戰者！在框架內找到突破點，創造自己的成功法

多數人一生都在適應規則，卻很少意識到，它們之所以存在，是因為**曾經符合某個時代或社會的需求，並不意味著它們無法改變**。關鍵在於理解規則的本質，並找到改變它的方法。請試著在日常生活中思考看看：哪些規則值得挑戰？哪些應該被保留？如何識別規則中的漏洞，找到突破點？身邊是否有人並沒有反抗或妥協，而是能設計出新的選擇，讓舊規則失去效力？

### 從質疑到挑戰規則

在16世紀之前，幾乎所有人都認為「地球是宇宙的中心」，因為這是當時宗教、學術界公認的正確知識。學校教授的天文學、教會的教義，連人們日常的生活觀念，都建立在這套「地心說」之上。

哥白尼後來提出了「日心說」，認為地球其實是圍繞太陽運行的，這個理論徹底顛覆了當時的世界觀。然而，當時社會並不接受這個想法，甚至將之視為異端，因為「地球是宇宙中心」這條規則已經深植人心，沒有人願意換個

視角來檢視它是否正確。直到伽利略透過望遠鏡觀察天體運行，進一步證實了日心說的合理性，最終科學界才逐漸接受這個新視角，世界的規則也因此改寫。

> 重要的不是盲目逃離規則，
> 而是理解與挑戰它，創造更適合自己的。

## 👣 從零開始思考：
## 　　拆解規則，找到最核心的本質

真正能翻轉規則、創造未來的，不是那些只會照本宣科、追隨潮流，而是願意從「為什麼非得這樣做？」開始質疑的人。他們不滿足於照做就好，反而想知道這些規則憑什麼存在？又是否真的合理？這種思維方式，被稱為**「第一性原理思考」**（First Principles Thinking）。

輝達（NVIDIA）執行長黃仁勳也公開鼓勵員工「不要把我的話當成真理，照單全收」。他說過：「質疑與挑戰，是創新最基本的起點。」這代表哪怕是來自權威的聲音，也值得你用邏輯與本質去驗證，思考看看：「這麼做的根據是什麼？」史蒂夫・賈伯斯也曾提醒：「世界不是既定的，它是被一群『和你一樣普通、但勇於創造的人』所建

構的」。你可以挑戰它、改變它，甚至重新定義這個世界的運作方式。這並非狂妄自大，而是一種思維上的自由，當你開始這樣思考，未來的選項也會因此而增加。

在現實世界中，大多數人的思考方式屬於「**類比思維**」（Analogical Thinking），藉由過去的經驗、現有的模式來解決問題。它確實能幫助我們快速做出決定，但也容易限制我們的想像力，且一旦情境不同，就會錯得離譜，以下分享幾個你熟悉的例子：

### 選擇科系時的迷思：學長姊都這樣選，那我也要？

「因為學長姊都說『讀理工出路比較好』，所以我也應該這麼做。」它假設「前人的選擇是正確的」，但這個邏輯卻忽略了個人的興趣、產業趨勢的變化，以及未來職業的多樣性。

與其問：「大家都選什麼？」不如問：「我對什麼領域真正有興趣？這個領域是否有持續發展的機會？有沒有比傳統理工科更符合我個性的選擇？」如果你熱愛創意發想，或許新興的數位設計、人工智慧應用、跨領域創新學科，可能比單純的理工更適合你。

**社交與人際關係：大家都這樣做，所以這樣是對的？**

「身邊的人都覺得成績好的學生很無聊、不合群，所以如果我想融入大家，就應該少問問題、不要在課堂上表現得太積極，才不會被認為是書呆子。」這同時也反映出了一種「從眾效應」，讓人忽略個體的選擇，盲目跟隨他人的行為模式。

與其執著於：「怎樣才不會顯得奇怪？」不如思考：「要如何在忠於自我的同時，也能建立有價值的人際關係？」是否能找到價值觀相符的朋友，而不是勉強迎合群體？可不可以用自身的學習能力來幫助他人，而不是隱藏住優勢？真正有影響力的人，通常並不會害怕展現自我，也不需要透過「模仿他人」來獲得認同，是**懂得在群體中建立個人價值。**

依照過去的經驗來行動，不一定是最好的選擇。當你開始從零開始思考，會發現許多新的可能性。這才是真正的「規則挑戰者」應該具備的能力！

## 學會問對問題

有一句話說：「世界上沒有愚蠢的答案，只有愚蠢的問題。」這聽起來有點諷刺，但當你問對了問題，答案就會指引你走向更好的選擇；反之若問錯問題，思維與行動將

受限於錯誤的框架中。如果提問方式有誤，可能連「真正的選擇」都看不見。

當我們思考一個問題時，通常會無意識地受限於既有的框架，導致思考方向被侷限住。例如，一個學生可能會問：「我要怎樣才能考高分？」這個問題的潛在假設是：「考高分是學習的唯一目標」，但這真的正確嗎？

「錯誤的問題」讓人陷入狹隘的思維，而「更好的問題」將打開新的可能性，分享幾個例子如下：

- 錯誤的提問：如何讓我的學習更有效率？（這個問題先假設了「學習方式已經固定」，而你只是想做得更快。）

- 更好的提問：學習的本質是什麼？我能不能用不同的方法來學習？（這樣的問題讓我們開始思考學習方式本身的合理性。）

- 錯誤的提問：要如何讓大家喜歡我？（這個問題假設了「受歡迎＝迎合他人」。）

- 更好的提問：我要如何找到與我價值觀相符的人？（這能幫助你建立真正適合自己的社交圈，而不是為了討好別人而改變自己。）

## 思考的層次：
## 你的問題決定你能走多遠

每當遇到挑戰，第一步往往是提出問題，尋找解決方案，然而，不是所有的問題都能帶你突破現況，因為問題的層次決定了所能找到的答案。**若提出的問題是為了應付眼前的困境，可能只能獲得短暫的解決方案**。一旦開始深入挖掘、試圖理解問題背後的核心邏輯之後，將發現更長遠的成長機會。而如果進一步拉高視角，從戰略的角度重新設計行動，甚至可以創造新的選擇。以下是三種不同層次的思考模式，以及它們如何影響你的選擇與行動：

### 表層問題──應對眼前的挑戰

這類問題專注在「如何解決當下的困境」，但並不會改變長遠的結果。當你問的是表層問題時，思考的重點通常是如何在最短時間內找到立即可行的解法，例如：

- 「要怎麼在這次考試中拿高分？」
- 「我要如何更快完成這份報告？」

由於只關注當下的結果，它會帶領你找到短期內有效的應對策略，比如：熬夜寫作業、臨時抱佛腳，卻沒有真正解決問題的本質，也無法改變整體的方法。可能這次勉強趕完報告，但下一次依然會遇到相同的壓力與困境。

## 本質問題——找到問題的核心

這類問題不再只是關注眼前的困境，而是深入挖掘問題發生的原因，尋找更根本的解決方法。與其問「我要怎麼更快完成這次作業？」，不如開始問：

- 「為什麼我總是在最後一刻才趕作業？有沒有方法讓我更有規劃地完成？」
- 「我的學習方式是否真的有效？有沒有更符合我記憶與理解方式的方法？」
- 「這份報告的目標是什麼？有沒有更高效的方式來表達我的觀點？」

這會讓人從被動應對轉向主動優化，從「如何解決當下問題」，變成「如何從根本上改善我的方式，讓問題不再發生？」自此，你的行動方式就會改變，可能會開始學習時間管理、調整努力的方向，甚至改變態度。

## 策略問題——創造新的解法

最高層次的問題，不只是找到核心，而是挑戰整個框架，思考是否有更好的方式來解決這類型的問題。當你提出這類問題時，目標不只是改善現有的方式，而是顛覆傳統的做法。比方說，如果這份報告不是用傳統的文字報告，而是影片或圖表，是否能更有效地傳達我的觀點？若

要提高討論專案的效率，有沒有比實體會議更好的方法？以下提供幾個練習方法：

- 如果你總是在問：「我要怎麼更努力？」試著問：「這件事真正的關鍵是什麼？」
- 若一直在找短期解法，試著問：「是否有更根本的方法來解決這個問題？」
- 如果已經找到方法，改問：「這問題值得花時間解決還是應該換一個更好的方式？」

## 透過不同的觀看方式，世界的運行也會改變

在 RPG 遊戲裡，你扮演的永遠是勇者，接受國王的任務，討伐邪惡的魔王，拯救世界。但如果有一天，你發現遊戲內的敵人也有自己的故事呢？如果站在魔王的角度來看，或許他並不是純粹的邪惡，而是為了守護自己的族群，那這場戰爭依然正義嗎？

視角切換，並不只是「理解對方的觀點」，而是讓我們突破既定框架。當你開始質疑故事裡的英雄與反派，也會發現，現實世界的規則其實充滿了灰色地帶。

**視角決定了故事的結構**，而我們對規則的認知也來自於此，學校的制度、考試的標準、社會對成功的定義，這些

既有的規則是絕對正確的嗎？

> **Point** 歷史中的不同敘事視角
>
> 在《三國演義》中，劉備是仁義的象徵，而曹操則是狡詐的「奸雄」，這是因為羅貫中選擇了蜀漢的視角來書寫這段歷史。從劉備的視角來看，曹操是強權的代表，他殘忍無情、唯利是圖、不惜一切代價鞏固自己的勢力；從曹操的視角，他是亂世的開創者，推動了東漢的改革，吸納人才，建立更高效的政權，並非殘暴，而是不得不在亂世中用更果斷的方式求生存。
>
> 歷史學者易中天的《曹操》這本書，便挑戰了傳統的歷史敘事框架，告訴我們：「歷史並非只有一種詮釋方式，勝者的故事未必就是唯一的真相。」當你學會從不同的視角來看待歷史，就不再只是輕易接受單一的敘事觀點了。

## 打破「英雄 vs. 反派」的框架：世界並不是非黑即白

以蝙蝠俠與小丑為例，我們長久以來習慣了蝙蝠俠是英雄，但從電影《小丑》中試著站在反派的角度看世界時，故事開始變得複雜──小丑不再只是純粹的瘋狂反派，而是一個被社會忽視、遭受欺壓、逐漸墮入黑暗的人。現實也是如此，世界從來不存在絕對的黑與白，是取決於你站在哪個視角看待它。

在《諫逐客書》中，讚揚李斯成功說服秦王嬴政，收回逐客令，接納外來人才，使秦國得以壯大。但若總是站在「成功的一方」看歷史時，是否忽略了另一種視角？身為秦王，所面臨的問題遠不只是「接納外來人才」這麼簡單。當時的秦國，國內有來自六國的遊士，他們帶來了技術與知識，但同時，他們可能也心懷故國。在歷史上，韓國派遣水利工程師鄭國來秦國建造水渠，表面上是為了幫助秦國發展農業，實際上卻是為了分散秦國軍力，削弱它的戰爭能力。

站在秦王的視角，這些「外來者」真的值得信任嗎？當你的國家正在走向統一，但無法分辨哪些外來者是真心為你效力、哪些人仍忠於自己的故國，該怎麼做決定？這是我們在現實生活中也會遇到的抉擇——當你站在領導者的位置時，是否會做出和過去完全不同的選擇？

## 視角訓練：學會打破固定思維

讀到這裡，我想提供大家幾個思考練習，讓你可以試著站在不同立場，去面對眼前的難題。藉著這個機會來盡情表達內心的想法吧。

### Part 01 從「反派／相反／對手」的角度重新詮釋故事主題

▷ 選擇一部喜歡的作品，試著從反派／相反／對手的視角重新審視故事。他們的行動是否真的毫無理由？他們是否只是社會規則下的犧牲者？

▷ 如果我是這個角色，我會做出不一樣的選擇嗎？還是，當我身處同樣的環境時，我也可能會做出同樣的行動？試著寫下你的想法吧。

### Part 02 從「統治者」或「決策者」的視角看待問題

▷ 在歷史、社會事件或現實生活與政治事件中，選擇一個你過去認為「理所當然的正確決定」，試著換成領導者的視角思考來寫下自己的觀點。

▷ 當你必須為更大的利益負責，而不只是單純看個人的情感或信念時，會不會做出不同的選擇？

### Part 03 將這種視角轉換應用在你自己的生活

▷ 在學校或人際關係中，當你覺得某個規則不公平時，試著寫寫看：「這條規則是為誰設計的？它的目的是什麼？有沒有可能它對某些人來說是有意義的？」

▷ 能否可以找到一個能夠讓更多人受益的改變方式，而不只是站在自己的立場批評它？

## 02 解讀人心，掌握世界運作的隱藏規則

在一場真正的冒險中，最致命的陷阱往往不是眼前的敵人，而是那些隱藏在細節裡的不對勁⋯⋯一個眼神的閃爍、一句話語氣的細微轉折，或是一場不尋常的沉默，都可能是戰局逆轉的關鍵。洞察力不只是「被動察覺」，而是你積極、敏銳地將環境與人們心中未說出口的真相一一解讀，進而掌握先機的能力。

- 你是否曾在群體裡無意間說錯一句話，導致氣氛瞬間凝結？

- 在朋友之間察覺到某種異樣的沉默，卻說不上來問題出在哪裡？

- 某個人看似友善，卻讓你感到莫名不安，事後才發現對方並不值得信任？

這些時刻，就是洞察力正在發出警報的訊號，而這決定了你是否能夠在關鍵時刻做出正確的選擇。

## 鴻門宴的啟示

在歷史上，政治局勢的較量不只是正面衝突，更是一場典型的心理博弈攻防。鴻門宴沒有明刀明槍的交鋒，卻處處潛藏危機，每一個細節都是一場心理攻防戰。這場宴會的結果，決定了日後楚漢爭霸的格局，而劉邦之所以能全身而退，正是因為他具備極致的「**情境覺察力**」與「**心理策略**」。

當時的局勢，雖然項羽兵力強盛，但劉邦率先入關中，佔據了先機。項羽與其軍師范增皆認為，劉邦是其最大威脅，必須趁早除掉。然而，項羽性格剛直，猶豫不決，沒有立即採取行動，而是選擇以宴會的形式，來「測試」劉邦的態度。劉邦則憑藉細緻的觀察力與高超的臨場應變能力，做出了幾個決定性的動作，確保自己全身而退：

### 第一時間選擇示弱，穩住局勢

當項羽質問他為何先入關，劉邦立刻採取低姿態，表示自己絕無異心，誠心道歉並裝糊塗地說：

臣與將軍戮力而攻秦，將軍戰河北，臣戰河南，然不自意能先入關破秦，得復見將軍於此。今者有小人之言，令將軍與臣有郤！（我和將軍合力攻打秦國，將軍在黃河以北作戰，我在黃河以南作戰，但我自己沒有料到能先進入

關中,滅掉秦朝,能夠在這裏又見到將軍。現在有小人的謠言,使您和我發生誤會。)

他迅速判斷出項羽當時的內心猶豫,選擇適當的時機與方式示弱,不僅安撫了項羽的疑慮,更為自己爭取了寶貴的反應空間。

### 迅速尋找盟友,製造混亂

當范增見項羽猶豫不決,便指示項莊藉舞劍助興,趁機行刺劉邦,但項羽遲遲沒有下達殺令,相較之下,劉邦卻能掌握對話中的「非語言訊號」──人的語言可能會欺騙,但肢體與語氣往往藏不住真實情緒。另一方面,張良也察覺到了局勢的緊張,立刻請貼身武將樊噲入場,以「忠臣護主」的姿態站到他身邊,說:

「今沛公先破秦入咸陽,毫毛不敢有所近,封閉宮室,還軍霸上,以待大王來。故遣將守關者,備他盜出入與非常也。勞苦而功高如此,未有封侯之賞,而聽細說,欲誅有功之人。(現在沛公先打敗秦軍進了咸陽,一點東西都不敢動用,封閉了宮室,軍隊退回到霸上,等待大王到來。特意派遣將領把守函谷關的原因,是為了防備其他盜賊的進入和意外的變故。這樣勞苦功高,沒有得到封侯的賞賜,反而聽信小人的讒言,想殺有功的人。)」

他清楚自己勢單力薄,立刻運用第三方角色(樊噲)的

介入,創造混亂、分散對方注意力。這種迅速將自身處境轉換為多人博弈的思維方式,成功拖延了項羽陣營的決策時間,讓他找到撤退的契機。

**察覺殺機,果斷撤離**

劉邦的謀士張良看出了局勢不妙,透過各種細節判斷范增的意圖,於是暗中策劃退路。當宴會的氣氛越發緊張,劉邦找藉口「上廁所」,實際上是趁機逃離宴會,最終在部下的護送下成功脫身。這一決策,保住了他的性命,也為日後的反擊留下了機會。

鴻門宴的教訓告訴我們,真正的勝者,不是戰場上最強悍的那個人,而是能在危機四伏的局勢中看穿局面,做出最正確選擇的人!

在現實的社交場合中,該如何察覺對方的語氣與眼神,判斷對方是真心還是假意?在團隊競爭中,如何讀懂團隊中的潛在政治,避免被當成犧牲品?在談判或合作中,你是否知道要在適當時機,於強者面前示弱,卻又暗中鋪好自己的生存退路?

| 如果擁有洞察力,你就能夠…… | 若缺乏洞察力,可能會…… |
| --- | --- |
| 預測對方的反應,讓你的決策更加精準,避免不必要的衝突或誤解。 | 錯估形勢,在不適合的時機說錯話,讓自己陷入尷尬甚至衝突。 |

| 如果擁有洞察力，你就能夠…… | 若缺乏洞察力，可能會…… |
|---|---|
| 解讀「隱藏訊息」，不只聽懂別人說的話，還能看懂「沒說出口的重要資訊」。 | 忽略細節，看不見他人話語與行為中的警訊，導致關係疏遠或錯失機會。 |
| 察覺環境氛圍的變化，讓你在人際互動中如魚得水，不會輕易陷入尷尬或被動。 | 無法掌握局勢，在人際互動中總是慢半拍，難以察覺真正的權力結構與情緒流動。 |
| 主動判斷當下情境需要「順從」或是「挑戰」，具策略性地表達自己的立場。 | 誤解情境或被動配合，無法適當地維護自身的界線與利益。 |

## 為什麼「閱讀空氣」是生存必備技能？

「閱讀空氣」這項能力，不僅源自日語文化中對氛圍與人際和諧的重視，在心理學中也有其對應概念，例如「社會知覺」（social perception）與「情境覺察力」（situational awareness）。這種能力可以幫助我們判斷眼前的社交情境是安全還是風險極高，決定該進攻、退守，或者靜觀其變。若沒有具備這種敏銳度，就容易在社交中出錯、誤判他人情緒，甚至落入「被貼標籤」或「社交邊緣化」的風險之中。

當你身在某個場合，第一步不應該是「急於表達自己的想法」，而是先進行「場面偵查」。像冒險者進入迷宮一樣，必須掃描環境，找出重要的資訊，才能決定你的行動策略。這裡有三個可以讓你在短時間內掌握關鍵的要素：

## 環境氛圍：這裡的氣場是什麼？

是輕鬆、嚴肅，或帶有隱約的緊張感？是開放討論和意見交流的場合，還是「某些話題最好不要碰」，需要正襟危坐的正式會議？

## 主要角色：誰掌控這個場合的氛圍？

誰是這場對話的主導者？誰的話語權最大？這裡的「潛在 boss」是誰？例如老師、學長姐、長輩、老闆。

## 語言與非語言訊息：有沒有人在「暗示」你什麼？

參與者的語氣是輕鬆還是嚴肅？肢體語言是開放的，還是有些人已經開始出現防禦性姿勢（像是交叉雙臂、眼神飄移、沉默不語）？這些線索，都是你能夠成功應對場面的關鍵。如果沒有注意到這些變化，就很容易踩雷，讓氣氛瞬間降到冰點。

在資訊爆炸的年代，現代人似乎越來越難靜下來「讀懂眼前的空氣」。當訊息不斷閃爍，我們也逐漸喪失了耐心去深究他人言語背後的真意與感受。你是否想過，當失去

對情境的敏感度，實際上也相當於放棄了對自身處境的主導權？

不過，「閱讀空氣」絕非讓你變成沒有自己立場的人，剛好相反，真正厲害的冒險者能夠掌握情勢，懂得選擇「什麼時候說、怎麼說、跟誰說」。這樣的洞察力，不會讓你變得沒主見，而是在複雜的社交迷宮裡，找出屬於自己的出口與勝利條件。**策略性的發言，是一種力量；懂得選擇沉默，更是一種高階技能。**

# 03 施展你的語言影響力

語言，就像是一道隱形的魔法。它可以是最強的治癒術，讓人因你的話語而充滿希望；也可以是強力攻擊魔法，鋒利如刀，瞬間擊潰對手的信心；甚至可以是最強的詛咒，使人因一句話而記恨多年，無法釋懷。

是否曾經因為一句話,改變了你的行動、讓你瞬間產生動力,或者一整天都心情低落?當我們學會如何運用語言的表達力,將擁有能夠影響他人、改變環境、重塑現實的力量。試想看看,你的語言是善於鼓舞人心的「治癒系魔法」?還是擅長辯論與說服的「攻擊系魔法」?當然,如果能夠掌握越多種能力,就可以依照不同場合來妥善運用,以下大致分為四類:

| 類型 | 主要能力 | 說明 |
| --- | --- | --- |
| 攻擊系魔法 | 改變局勢 | ● 在辯論、交涉或說服他人時,語言就是最好的武器。如果使用得當,可以讓你的立場變得無可撼動。<br>● 攻擊並不等於傷害對方,而是「讓對方信服」,讓在場的人無法忽視你的話,進一步改變自己的立場。 |
| 隱形系魔法 | 無聲撼動 | ● 多數人會直覺將沉默視為尷尬、抗拒,甚至是不歡迎的信號。但真正高段位的語言使用者知道,沉默本身就是一種語言,而且有時比千言萬語更有力量。<br>● 真正的語言魔法師,不只施展文字,更懂得調動「空白、停頓、語速、呼吸」這些看似無聲的語言要素,來重塑整個對話的空間感與心理場域,有時,一句沒說的話,反而最深刻。 |
| 治癒系魔法 | 暖心安慰 | ● 當他人感到低落時,輕輕地說:「我懂你,你並不孤單。」這樣的話語,能讓人身心恢復,瞬間獲得力量。關鍵在於「說出對方真正需要的話」,用語言給人安全感與支持。 |

| 類型 | 主要能力 | 說明 |
| --- | --- | --- |
| 結界系魔法 | 保護自己 | ● 在現實中，我們常常被他人的話語牽動。真正的語言高手，懂得設下「語言的情緒結界」，不讓別人的情緒語言滲入自己的內心。在面對批評、攻擊、惡意的話語時，不會輕易被情緒操控或受到他人言語的影響，而且能夠巧妙地化解衝突。 |

語言的底層功能，其實不是傳遞資訊，而是「**創造能量**」與「**塑造關係**」。這句話揭示了一件事，我們與世界的連結，是透過語言作為橋梁所建構出來的。而這個橋梁的強度與方向，不在於你說了什麼，在於你如何說、為何而說。

如同魔法師選擇不同法術來應對各種情境，每一項語言策略背後，都是對局勢與人心的理解，這更是一種「能量調度」的能力。

# 你屬於哪一種語言流派

在冒險世界裡，每一位強大的語言魔法師，都擁有不同的話術。你是擅長精密交涉的謀略家，還是能夠鼓舞人心的領袖？喜歡用語言化解衝突，或者以機智的話語讓對方無法反駁？試著從以下五題選擇直覺的答案，幫助你從日常生活的對話交流中，初步判斷自己的類型。

## Part 01 團隊討論中，你的觀點與同學不同，你會怎麼應對？

Ⓐ 「我理解你的想法，但如果我們換個角度思考，這樣會不會更合理？」

Ⓑ 「大家聽我說！這是一個很棒的機會，我們應該一起努力找出最佳解！」

Ⓒ 「你的觀點很有道理，我們可以試著結合不同的想法，找到平衡點。」

Ⓓ 「哦，那我們乾脆抽籤決定，這樣最公平吧？」

## Part 02 家人對你的未來計畫有不同的看法，你怎麼回應？

Ⓐ 「我們可以冷靜討論一下嗎？也許我們能找到共同點。」

Ⓑ 「爸媽，你們一定要相信我！我知道自己在做什麼！」

Ⓒ 「我知道你們的擔憂，也會努力讓你們放心，同時堅持自己的選擇。」

Ⓓ 「所以你們的夢想是把我訓練成『最乖機器人』就是了？」

## Part 03　當朋友抱怨老師的作業太多，或同事抱怨工作量不合理時，你會怎麼回應？

Ⓐ「其實我們可以試試不同的時間管理方式，來減輕壓力。」

Ⓑ「別灰心！只要我們團結合作，一定能搞定！」

Ⓒ「這確實很累人，但如果一起討論，壓力應該會小一些吧？」

Ⓓ「我們該不會是在參加「熬夜生存挑戰」吧？」

## Part 04　朋友因誤會對你生氣時，你怎麼處理？

Ⓐ「讓我們坐下來談談吧，我相信這只是誤會。」

Ⓑ「冷靜點，我們是朋友，這點小事不應該影響我們的感情！」

Ⓒ「我能理解你的感受，真的很抱歉，讓我們一起解決這個問題吧。」

Ⓓ「好耶！我們可以開個「誤會清算大會」來討論這件事！」

## Part 05　你想說服朋友一起參加一個活動時，你會怎麼說？

Ⓐ「參加這個活動對我們都有幫助，來試試吧！」

Ⓑ「這是一個千載難逢的機會！我們不能錯過！」

Ⓒ「如果你擔心太忙，我們可以一起計劃時間，互相幫助！」

Ⓓ「不來？好吧，那我去參加，回來再跟你炫耀有多好玩！」

## 結果解析

**選A最多**

### 「魅惑交涉流」—— 說服與談判的戰略家

你擅長布局與分析，總能抓住對話節奏與心理弱點，讓對方逐漸認同你。你是語言魔法中的「策略型場控者」，擅長施展「邏輯穿透術」與「對話鏡像術」。有時過度預設對方的反應，會讓人感覺你話中有話、不夠真誠。請記得，最強的說服力，來自真誠包裹著策略。

**選B最多**

### 「激勵演說流」—— 用話語點燃人心的領袖

天生擁有「語言激發術」與「氣氛召喚咒」，因為你自帶氣場，情感感染力強。但也要留意不要讓熱血變成口號、讓鼓舞淪為空談，還必須搭配實際行動或具體承諾，才能讓你的語言真正落實為團隊前進的動力！

**選C最多**

### 「安撫共鳴流」—— 用語言撫慰人心的溝通者

你擁有治癒系魔法中的「情緒同步術」與「安心場域生成咒」，能夠在對話中營造一種「理解和接納」的氛圍。總是優先聽見對方的感受，並用語言建起連結，你的同理能力高，善於化解衝突，也善於創造安全感。有時太在意他人感受，會讓你不敢表達真正的立場。別忘了，真正的同理，不是討好，而是誠實溫柔地站在自己這邊，同時願意走近對方的心裡。

**選D最多**

### 「機智吐槽流」—— 幽默犀利但不讓人討厭

你掌握了語言中最難的魔法：幽默。擅長施放「尷尬消除咒」與「機鋒反彈術」，總能用一句話讓氣氛解凍，甚至讓對話走向完全逆轉。你的思維敏捷、善於破題、拆解尷尬與壓力，但也要思考一個問題，語言是雙刃劍，幽默若過界，就可能成為無形傷害。記得問自己：「這句話，是讓人笑，還是讓人難堪？」

## 言出必行──改變世界的三把聖劍

想像一下,如果亞瑟王不懂如何鼓舞圓桌騎士,他的王國可能變成「騎士摸魚俱樂部」;若孫悟空不會舌戰龍宮,他可能早在取經路上被唐三藏的緊箍咒折磨至死了。

語言的影響力,不只是「讓人聽懂」,而是「讓人行動」,而這種能力是可以鍛鍊的。亞里斯多德曾提到,真正掌握語言影響力的強者,必須具備幾種核心力量──以下就是英雄的三把語言聖劍:

| | |
|---|---|
| 王者之刃<br>(Ethos) | 話語給人信任感,讓人不帶懷疑,就願意聽從,言談中充滿專業與經驗;語氣穩定有力,沒有猶豫不決;在話語中能展示出你的誠信,讓話語與行動一致。 |
| 智慧之刃<br>(Logos) | 具備不可反駁的邏輯,懂得使用數據與事實支撐論點;也會使用因果關係與推理能力;知道如何簡化複雜觀點,讓對方容易理解。 |
| 共鳴之刃<br>(Pathos) | 能夠觸動人心,對方不只是接受你的觀點,而是真正願意行動,具有情感力量;知道如何使用故事與比喻,產生畫面感;也會運用同理心,讓對方感受到你的理解;懂得創造願景,使聽話者看到更多的可能性。 |

這三把語言聖劍,不論是在談判桌上說服敵人,還是戰場上激勵盟友,或向老師解釋為什麼沒交作業(雖然這有點難),都能發揮驚人的效力。現在,透過一個歷史故事來學習如何運用吧!

## 真誠 vs. 話術──
## 燭之武如何用「一場談話」阻止戰爭？

戰爭前夜，鄭國已是危急存亡之際，秦軍大軍壓境，鄭國已無退路，這場戰爭幾乎已成定局，面對即將到來的滅亡，鄭國所有大臣都束手無策，因為他們知道，沒有任何武力能夠改變戰局。

此時，燭之武挺身而出，當下的鄭國已經沒有軍隊，也沒有任何可以抵擋秦國的物資與戰力，唯一能讓這場戰爭停止的方法，就是靠外交博弈的手段，如果燭之武輸了，鄭國將被滅亡；但如果他能說服秦穆公，他將以零戰損換來一場奇蹟般的和平。

而燭之武看穿了這場戰爭的本質──秦國並不是為了滅亡鄭國，是被晉國拖下水，他意識到這場戰爭的關鍵，並非如何抵抗秦國，是讓秦國意識到，這場戰爭對他們來說沒有好處。

### ▶ 燭之武的三把語言聖劍，如何逆轉局勢？ ◀

| | |
|---|---|
| 先讓對方相信你，不把你當敵人（王者之刃） | ● 他沒有卑躬屈膝地求饒，也沒有誇大事實，而是坦誠地說：「我們鄭國弱小，根本無力抵抗！」這句話看似在陳述事實，實則是一記「信任建立術」，因為燭之武沒有隱瞞鄭國的困境，而是直接說出「我們沒有威脅」，讓秦穆公降低戒心。這種「坦誠但不卑微」的態度，讓秦穆公開始願意聽他繼續說下去。 |

| | |
|---|---|
| 觸動對方內心，讓他意識到自己的損失（共鳴之刃） | ● 沒有直接說：「你不應該攻打鄭國」，而是讓秦穆公自己意識到：「你這樣做，最大的受益者其實是晉國，而不是秦國！」這句話擊中了秦穆公的內心「不願被利用」的心理防線，讓他開始懷疑自己的決策是否正確。 |
| 用邏輯引導對方得出結論（智慧之刃） | ● 燭之武沒有命令秦穆公撤軍，而是讓他自己思考：「如果秦國滅了鄭國，晉國就會坐收漁翁之利，這樣真的對秦國有利嗎？」<br>● 最後再補上：「如果幫助鄭國，我們反而可以提供你更多好處，讓你成為東道主。」這時候，秦穆公便自己想通了，決定撤軍。 |

## 真正的強者，懂得控制話語權

除了掌握各種表達技能之外，我最後想和大家分享的是「話語權」的重要性。在一場談判、辯論或日常交流中，話語權決定了你在局勢中的主導地位，它不僅會左右你在對話中的影響力，也決定了他人是否會按照你的語言軌跡來行動。

> **Point** 掌握話語權的三大關鍵
> - 話語的影響力：你的語言能否改變對方的想法？
> - 話語的掌控力：你能否在對話中主導節奏，而非只是被動回應？
> - 話語的滲透力：你的語言是否能留下深遠影響，而不只是「當下有效」？

前述分享過的那些技巧,都是能讓人贏得話語權的一大利器,而接下來就是展現自己的想法,把自身的專業和能力透過話語發揮到極致的時候了。

# 04 打造資源戰術，讓每一次學習都發揮最大效益

當你在課堂上聽講，覺得自己完全理解，考試時卻發現腦袋一片空白；或者讀了一本書，覺得內容相當精彩，但過了一個月後，卻想不起來裡面講了什麼？這不是你的問題，而是大多數人的學習方式存在根本性的錯誤——我們「接收了資訊」，卻沒有真正「內化成能力」。

## ❗ 學了卻記不住？破解「學習遺忘陷阱」

大腦對新資訊的處理方式，就像電腦的「快取記憶體」，如果沒有經過反覆使用與存檔，這些資訊很快就會被清除。據心理學家赫爾曼・艾賓浩斯提出的「遺忘曲線」（Forgetting Curve）顯示，人類在學習新知識後的24小時內，若不複習，將遺忘70%的內容。這也是為什麼，很多人聽課當下覺得「都懂了」，一週後卻忘得一乾二淨。

這個現象並不代表記憶力不好，而是說明了學習不能只靠**短期記憶**，必須透過「內化」來轉化成**長期知識**。有效的學習方式，不是「讀過一次就記住」，應透過適當的方法，不斷與舊有知識連結，並在不同情境中加以應用，如

此才能真正變成記憶的一部分。我來介紹三種最有效的學習策略，確保短暫記憶能夠長久留存，甚至變成你獨有的技能：

### 費曼技巧──讓大腦真正「理解」知識

「如果不能用簡單的話解釋某個概念，那代表你還沒有真正理解它。」這句話出自著名物理學家理查・費曼，他發現自己在學習時，最有效的方法不是反覆閱讀，而是嘗試「教會別人」。以下是掌握費曼技巧的三個小方法：

**① 選擇一個概念，再試著用最簡單的話解釋它**

學習新知識時，與其直接死記硬背，不如「用最簡單的語言講解給別人聽」。想像你正在學習「機械能守恆定律」，直接背誦公式可能不容易理解，但如果要向一個小學生解釋呢？

你可以這樣說：「想像你坐在溜滑梯頂端，當還沒滑下來時，你有的是『高度能量』；當你開始往下滑，這些能量就會轉變成速度，讓你越來越快！最後，滑到底時，所有高度能量都變成速度。」這樣簡化過程之後，能夠幫助你理解它的本質，也才代表真的掌握了這個知識。

② 找到盲點,補足知識漏洞

試著用簡單語言講解時,可能會發現自己有些地方「卡卡」的,這些就是你的學習盲點。例如,你知道「宋朝重文輕武」,但如果要解釋為什麼宋朝的軍事不如其他王朝呢?又與當時的科舉制度和財政政策有何關聯?這才發現,自己只記得片面的知識,而缺少完整的理解脈絡。此時,就該回頭補足相關歷史背景,讓知識體系更全面。

③ 重新組織,再次簡化,直到真正掌握

當我們學習一個新概念時,它可能是複雜、零碎甚至難以掌握的。但透過不斷地整理、提煉、簡化,最終會發現它的本質其實很簡單,或者可以用一句話、一個比喻來表達。在理解知識時,不能被具體的外在形式所束縛,而應以更宏觀、更抽象的思維去理解那些難以捉摸但至關重要的核心觀念。

## 筆記系統——
## 建立「第二大腦」,確保知識能被高效提取

許多人做筆記的方式是「抄寫老師的內容」,但這樣只是「資訊的複製」,並不等於「知識的內化」。真正有效的筆記,應該能幫助你整理、歸納,並讓你在需要時快速

取用,而不是一堆沒人會翻的課本摘錄。高效筆記的三個關鍵要素如下:

① **重點濃縮,而不是逐字記錄**

比方說,不要寫:「牛頓運動定律有三個,第一定律是慣性定律……」而應該寫:「牛頓第一定律＝物體保持狀態不變,除非有外力。例子:車子急煞乘客向前傾。」

② **使用視覺化工具來強化記憶**

我們還可以運用心智圖(Mind Mapping)的圖像化方式,把概念串連起來,幫助大腦建立「關聯記憶」;在做筆記時,也可以使用康奈爾筆記法(Cornell Method):將筆記區分成「主要概念、摘要、問題」,確保你能快速複習與應用。

## 主動學習——透過「輸出」強化記憶

在傳統的學習模式中,人們往往被訓練成「知識的被動接收者」,平時聽課、讀書、做筆記,卻很少進行主動學習。但根據學習金字塔(Learning Pyramid)理論,當我們只是聽講或閱讀,學習成效只有5～10%;若是寫下來或教別人,學習成效則能提升到50～80%。

許多學生在學習時，容易陷入「無意識閱讀」或「機械刷題」，但真正的學習，應該是主動找出知識的實際用途，讓自己帶著「問題」去學習，而不是只是記住概念，這就是所謂的問題導向學習（Problem-Based Learning），例如在上課聽講時能夠思考：「這個知識能幫助我解決什麼問題？」「我可以在哪些生活場景或是考試題型中應用到它？」

　　因此，我們可以透過以下兩個小方法，來看看自己是否真的有把學習內容內化成知識：

### ① 測試自己的理解

　　許多人以為測試只是在考試時才需要，但實際上，測試是最有效的學習方式之一，不僅能幫助你檢視自己是否真正理解，還能強化大腦的記憶迴路。例如在學完一個概念後，合上書本，試著在腦中回憶剛才學到的重點，而不是單純重讀筆記。另外，在每讀完一個單元後，也能試著自己設計幾個問題，檢測自己是否清楚理解。

### ② 讓知識變成「行動」

　　有效的學習，應該讓你在現實生活中能夠應用，而不是只存在於考卷上。當你將知識與「實際行動」結合時，記

憶會更加深刻,也會更容易真正掌握它。例如在語言學習時,用自己學的詞彙寫句子,並實際應用在日常生活的對話中。

學習就像「獵捕知識」,優秀的獵人不會只是囤積獵物,而是懂得如何保存、加工,甚至轉化為自己能使用的技能。同樣地,學習不只是記憶,而是理解、運用、整理,並最終讓它變成自己人生的一部分。

## ❗ 學習輸出——如何用學習創造價值?

當然,學習的終點,並不是「學完了」,而是「你能用它做些什麼?」許多人習慣把學習當作「輸入」的過程,不斷地吸收知識、記住資訊,卻不曾意識到——真正的學習,只有在「輸出」時才算完成。

沒有輸出,就如同學了一門語言,卻從不開口說話;或研讀了時間管理的方法,卻沒有實際應用在生活中一樣。而知識輸出的層次可以分為以下三種:

### 個人整理——讓知識變成你專屬的工具

這是最基本的輸出方式,重點是讓你學過的知識系統化、結構化,確保在未來需要時能夠快速調取和應用。可以使用數位筆記軟體(如手機備忘錄、Goodnotes)整理學

習內容；此外，筆記也不只是記錄，更要進一步整理——把筆記內容分解為「關鍵概念」、「應用範例」、「相關知識」、「個人補充」等四個部分，讓學習內容更清晰。

## 社交分享——讓知識產生影響力

這個層次的輸出，重點是「與人分享」，透過交流與輸出，進一步強化學習成果，並讓知識對他人產生影響。例如，在個人 IG、學習社群、論壇（如 Discord、Dcard、Facebook 群組）上，分享學習心得，看看別人對你的想法有什麼回饋，也可以與朋友討論自己的學習內容，看看他們是否能清楚理解，或是能提出不同立場的觀點，幫助你拓展思考。

## 專業應用——將知識轉化為競爭優勢

這個層次的輸出，是把學習轉化為「專業技能」，讓你的知識能夠在現實世界中發揮價值，順利變現，並且轉化為資本。

所以，我們可以嘗試建立個人品牌，在特定領域中持續學習，並將知識輸出到社群平臺，吸引志同道合的夥伴；還能成為「創作者」，創造出可變現的內容，例如有人會在網路上販售自己的高中學霸筆記；有人善於電腦繪圖，

也會在網路上接案工作;有人擅長表演,可以在學習撰寫腳本及拍影片或剪輯後,嘗試成為一位 YouTuber。

當學習開始帶來實際回報時,你會發現,它的價值不只是「考試分數」,而是能夠真正影響你的未來。

*真正內化的知識,才是你的資產。*

# 第 4 章

# 真正上場

## 勇敢迎戰人生的關鍵武器

擁有裝備與技能後，你已經準備好迎戰現實了嗎？

本章將帶你從計畫轉為行動，學習如何適應變化、發揮影響力、打造專屬團隊，並在競爭與合作中找到自己的定位。英雄之路，就從上場迎戰的這一刻開始！

# 01 S級整頓力，
行動前先面對現狀

在現實生活中，許多人總是停留在「光想不做」的階段，日復一日地規劃未來、思考如何變強，卻始終無法踏出第一步。你或許也曾經這樣，無數次對自己說：「明天再開始。」但隨著時間消失，夢想也仍然停留在幻想之中。

## 與其催自己快點動，不如先問：你卡在哪裡？

我們常以為要改變人生，就該先擬定一份計畫，越詳細越好；但真相是——真正的改變，往往不是從「擬定目標」開始，而是承認自己當下陷入了什麼困境。

許多人會陷入「假積極」的狀態，看起來很認真、其實是在逃避，透過不斷地「計畫、準備、查資料、儀式感」，來替代真正的行動，但其本質只是心理的自我安撫與拖延，卻披上了積極的外衣。像是：

- 我決定要好好唸書了，先來重買一套新的文具組和讀書筆記本吧！

◉ 我要開始健身了,所以先去看健身網紅們一天都在吃什麼。

這些行為,讓你看起來有在努力,實際上卻只是以準備來逃避行動,用忙碌來掩蓋混亂。不過,這也並非指責你不認真,而是還沒察覺到改變的動力——之所以會想改變,一定是生活中有哪裡讓你感到「不舒服」。比方說,發現花太多時間在社團上,導致數學補考重複發生;每次報告前都焦慮到失眠,甚至累到健康出狀況;你知道現在的工作內容讓你越來越空虛,但身體太疲憊,連投履歷轉職都覺得是一種折磨。

然而有時候,那個讓人卡住的地方,不會這麼明顯。它就像你每天回家都累到發呆,卻說不上來到底為什麼;又或是一直想讓自己變好,卻總覺得「哪裡怪怪的」,但又說不清具體出了什麼問題。可能不只出於單一事件,而是長期忽略的習慣、一段不敢結束的關係,或你不願面對的情緒真相。

## 👣 想開始之前,
## 　　先讓內在停下來,往裡看

如果想真正踏出第一步,不是要你逼自己更努力,而是先自問:「我到底卡在哪裡?」這是整頓的起點,不是指外在空間,而是你的內在狀態。可以先靜下來想想:

- 最近讓我最疲倦的是什麼事？有可能並不是學業或工作，而是和某個人說話的時候？
- 我是不是已經很久沒有真正放鬆過？不是滑手機或追劇，而是「什麼都不做也不焦慮」的輕鬆感？
- 有沒有一件事，我總說「以後再做」，但其實心裡知道自己一直在逃避？
- 當想到「改變現狀」，第一個浮現的情緒是什麼？是期待？還是罪惡感？還是無力？

以上這些不需要立刻有答案，而是幫助你回到一個真實感受的位置上。我們不是做不到，只是還沒釐清：你現在因為什麼而累？困在哪裡？在害怕什麼？

## 想整頓人生，得先從作息回到正軌開始

很多人以為「整頓」是整理桌面、丟掉雜物、重寫待辦清單。但真正有效的整頓方式，其實是**從自己的節奏開始重整**。

固定的作息不是老派，而是行動的前置條件。不是因為你不夠自律，而是你的能量系統早已失衡，例如，大腦早已意識到你該改變，但身體卻累到無法動彈；你知道應該早點睡，但半夜兩點還在滑抖音或 IG；想開始新生活，早上卻連起床都像拔河一樣困難。

也許，這不是你不夠有意志力，而是一直處在「醒著，卻什麼都做不好的狀態」，因為你的身體沒有好好休息，大腦就會過度使用；大腦太累，作息就更加混亂；作息亂了，就更沒有力氣開始。你以為自己只是散漫，實際上是一種「深度疲憊」的狀態。

因此，真正的整頓，不是從生活改變開始，而是讓身體回到該有的節奏感上，試著做幾件小事：

- **把睡覺與起床的時間固定下來，不用立刻做出大幅改變，只要比昨天早睡一點就好。**
- **安排每天某個時間段作為「無目標時段」，可以發呆、散步、靜坐，不需有任何生產力。**
- **把你習慣用來焦慮的時間，重新設定成用來修復。**

這些會讓你從「我什麼都做不到」的低潮，慢慢回到「我終於知道該從哪裡開始」。

當然，不必急著振作，也無須立刻做出什麼驚人的改變。你要做的，是允許自己看見身心的疲憊，承認自己陷入了瓶頸，然後慢慢重整。因為真正的開始，不是你今天很拚命，而是你終於誠實地對自己說出一句話：「我不想再這樣下去了，我想重新開始──但這一次，我要好好做出改變。」

整頓力不是讓你變成超人，而是幫你回到人本來該有的

節奏：清醒、柔軟、有力氣，也有餘裕。從現在開始，把「逼自己」改成「照顧自己」。

## 🦶 不是你不夠好，
## 而是你總是以為要夠好才能開始

英雄在旅程初期，總會遇上一道「跨不過去的門檻」。這道門檻，也許不是什麼大災大難，而是相當日常的——體能不足、心態沒準備好，或者只是一個叫做「怕出錯」的小聲音。

這就像我們的日常拖延一樣：明明知道要開始準備報告，卻一直覺得「再晚一點也沒關係」；明明知道要讀書，卻總說服自己「等心情好一點再來」。直到不得不行動的前一秒，才在壓力下硬撐下來。

這種拖延現象，在心理學上可以歸因為「計畫謬誤」（Planning Fallacy）。我們常以為，計畫得越完美，執行起來就會越順利——但事實是，**越細緻的計畫，經常會讓人更不敢開始**，因為你會發現這條路好像比想像中還艱難、漫長，更容易出錯。

但真正的英雄不是那種「一開始就準備萬全的人」。他們只是先邁出了那一步——然後在過程中，一邊調整、一邊修正，才逐漸變得準備好。

如果總是想等到「完美時機」才開始，但這個時機，可能永遠都不會到來。其實我們不需要完美，只要動手。

你想寫作，就從一句不完美的日記開始；想學英文，就從一則影集裡的臺詞抄寫開始；想健身，就從做幾組不標準的深蹲開始；想學寫程式，就從寫一句「Hello World！」開始。

光只是把課本翻開、把字打開第一行，這就已經是一種「行動」了。那些後來成為YouTuber、作家、設計師的人，他們的第一支影片、第一篇文章、第一個作品從來都不完美。但他們沒有停在「等自己變好」，而是靠著不停地行動，讓自己變得更好。

## 👣「跨越門檻」時刻，行動力是唯一的解答

計畫，雖然能讓我們有掌控感，但如果沒有行動，它就毫無價值。所以，行動並不只是靠意志力來驅動，而是可以透過訓練來強化，你必須透過行動來擺脫「焦慮」，接下來我將和大家分享《原子習慣》裡可應用的幾個方法：

### 2分鐘法則：降低開始的難度，讓行動變得毫不費力

當你認為某件事很困難時，大腦會自動啟動防禦機制，

試圖避免消耗過多能量,於是你會覺得:「太麻煩了,還是明天再開始吧。」這時,可以告訴自己「先做兩分鐘就好」,大腦的防禦機制便會鬆懈下來,因為它認為這不會花費太多精力,行動就能變得較無壓力。

比方說,當你不知道該從何準備隔天的考試,可以先拿出課本,花個看兩分鐘快速翻過重點內容;覺得運動太累?那就先做個兩分鐘伸展操,暖身一下就好。而當你開始了,通常不會只做兩分鐘,你會發現自己將繼續做下去,就算真的只做了兩分鐘也無妨,別急著自責或否定自己,明天也一樣再做兩分鐘,直到養成習慣或者能夠拉長時間為止。

### 黃金5秒規則:倒數5秒,打破拖延迴路

有時候,你明明知道該行動,但卻還是遲遲無法動手。這時,需要快速切斷猶豫的時間,因為拖延的機制,往往發生在我們猶豫的那一刻,**行動的機會**只有五秒,如果超過這段時間還在猶豫,理性大腦就會開始找藉口,像是「現在狀態不對」、「還是等心情好一點再說」,最後導致無限拖延。

因此,當你覺得該行動時,立刻在心中倒數:「5、4、3、2、1,開始!」倒數結束後,立刻站起來去做,不給自己任何猶豫的時間。這個方法來自行為心理學,它能打

斷你的「拖延模式」，直接進入「行動模式」。

**行動獎勵機制：讓大腦愛上行動的感覺**

你是否曾留意到，滑手機、追劇、玩遊戲特別容易讓人沉迷？這是因為大腦天生偏好「**立即回報**」（Instant Reward），做這些事情時，你的神經系統會釋放多巴胺，讓人感覺愉悅；相對地，讀書、運動、努力工作的回報通常是長遠而無法立即見效的，所以大腦會更傾向於選擇短期快樂，而非長期成長。

因此，當你學習25分鐘後，可以允許自己滑幾分鐘手機（這就是番茄鐘學習法；運動後，允許自己吃一塊小甜點，讓大腦覺得運動是件好事；寫完一篇作業，就能看一集影集作為獎勵。

將行動與獎勵綁定，幫助大腦產生「**行動＝快樂**」的連結，這可以讓你更容易持續下去。

## 建立「不可中斷」的固定習慣

如果常常在決定開始一項新計畫之後，過了幾天就放棄，可能是因為還沒讓行動變成習慣，而英雄的力量則來自於穩定的日常訓練，不只是偶爾的熱血衝動。

最後，我們可以讓某個習慣成為生活的一部分，比方

說每天晚上洗澡後背20個英文單字；不想去健身房的時候，就設計一套「每日五分鐘居家運動」，來降低運動的門檻。當你整頓自己的生活之後，察覺到應該做出改變的痛點，再讓行動變成習慣，它就不再是「需要意志力」的事，而是像日常一樣自然。

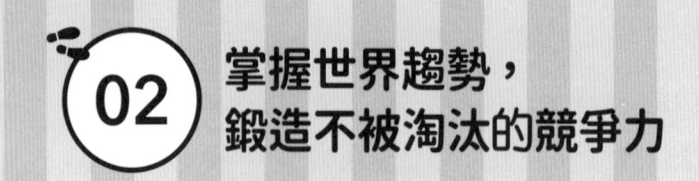

## 02 掌握世界趨勢，鍛造不被淘汰的競爭力

你是否曾經想過，世界似乎越來越難預測了？當今的熱門職業，可能在幾年內被 AI 取代；過去穩定的行業，可能在科技浪潮下漸漸被淘汰。世界變化的速度遠比我們想像得還快，就如同遊戲中的劇情任務會改變、敵人會變強一樣，原本認為萬無一失的計畫也可能會突然派不上用場……當變化來臨時，你能夠轉換思維，把它化做自己的成長機會嗎？

英雄不會永遠有最強的武器，但他們知道如何適應戰場。過去，我們認為強大是屬於擁有最多知識、最穩定工作、最好的資源的人，但在這個瞬息萬變的時代，真正能走到最後的，其實是那些「能夠適應變化」的人。

### 從職涯角色到能力架構：升級你對未來的職業想像

在第一章有提過「主職業」與「副職業」的概念，那是幫助你探索人生定位的起點——可以是一名戰士（主職：數學高手），同時擁有醫療技能（副職：關心朋友的心理

健康）；或是一位吟遊詩人（主職：擅長表達與故事），同時會使用鍛造技術（副職：善用 AI 工具來進行創作）。身分上的多元組合，能幫助自己認識「我是誰」以及「我還能是誰」。

進入第二章之後，討論到如何升級技能、打造更具彈性的未來，不再只是停留在「角色選擇」上，而是必須進一步思考：我想打造什麼樣的能力架構？這些技能之間，是彼此獨立還是能交互連動、彼此強化呢？

◎

接下來，我想和大家分享的是「結構化人才模型」：也就是 T 型、π 型、斜槓型這三種能夠應對未來高度變動環境的人才設計藍圖。這是一套幫助我們思考該如何規劃「進可攻、退可守」的能力系統，讓自己能在變局中穩住陣腳，在機會中迅速出擊。

如果把「主職業/副職業」視為選角與武器選擇，而 T 型、π 型、斜槓型，就是一整套戰鬥系統與技能樹的升級，接著需要思考的是：我現在有什麼技能？以及如何規劃未來的成長路徑？

## 👣 T型人才——專業深度 ＋ 基礎廣度

T型人才是一種結合「**專精與多樣性**」的職涯模式。它的核心概念是個人需要在某個領域具備深厚的專業知識與技能（T的垂直線），同時也應該有跨領域的基礎能力（T的橫線），讓自己能夠與不同領域的人彼此合作，甚至跨界發展。

在傳統的職場觀念中，一個人的價值通常取決於他的專業技能。然而，在現代職場，光專精於某個領域是不夠的，因為市場變動頻繁，企業越來越重視跨領域協作。擁有基礎廣度的 T 型人才，不僅能在本職專業上發揮影響力，還可與其他領域的專業人士溝通合作，提高問題解決能力。

要培養 T 型人才的特質，首先必須專注於你的核心專業領域，建立「一項深度的專業技能」，讓自己在某個領域擁有不可取代的能力；接著再選擇一至兩個與本職相關的輔助技能，例如：程式設計＋商業策略、設計＋數據分析、醫學＋心理學等；此外，平時也建議各位多多參與不同領域的活動，以理解其他領域的運作方式，讓自己具備跨界協作的能力。

## π型人才──雙核心技能，跨界連結

π 型人才與 T 型人才的最大不同在於，他們擁有**兩個以上的專業核心技能**（π 的兩條支柱），並能夠將這些技能靈活應用在不同領域。這種類型的人才在市場上極具競爭力，因為他們不僅能在兩個領域發揮影響力，還能利用跨界知識進行創新，創造新價值。

由於產業發展越來越重視跨領域整合，能夠融合不同專業技能的人才便成了企業最渴求的人選。例如，數據科學與心理學的結合，能產生更符合人類行為模式的 AI 產品；醫學加上大數據，能開發出更個人化的健康監測工具。π 型人才的價值，來自於他們能夠將兩個不同領域的知識互相串聯，創造出全新的解決方案。

要成為 π 型人才，必須選擇兩個相輔相成的核心專業領域，如商業＋數據、醫學＋人工智慧、設計＋心理學等；當然，更要不斷尋找交叉領域的應用，思考如何將兩個領域的專業結合；並且持續學習並參與跨領域專案，讓自己有實戰經驗，真正理解兩個領域的互動方式。

## 斜槓人才──多重身分，靈活發展

斜槓人才指的是**不依賴單一職業**，而是同時從事不同領域的工作，創造多元收入來源。他們的職涯模式更具彈

性，能夠在多個領域發展，減少對單一收入來源的依賴，在市場上也能擁有更多機會。職場已經不再是「一份工作做一輩子」的時代了，許多人選擇發展多重技能，不僅可以增加收入來源，還能提升職涯韌性，讓自己在市場變化時擁有更多選擇。例如，一位全職員工也可以經營 Podcast 或是利用週末時間籌劃線上課程。

如果想要開始斜槓，建議選擇一項你有興趣且能帶來價值的額外技能，一步步累積作品或專案經驗；持續利用零碎時間學習新技能，如寫作、攝影、影片製作，來發展你的第二職涯；最後，嘗試將不同技能結合，創造獨特的市場價值，如醫學與內容創作、科技與藝術等。

這三種人才架構，就是你未來面對世界的「技能組裝法」與「進階升級術」。

## 如何打造你的技能組合圖譜？

### Part 01 定位你的能力與特質

請根據下列問題，試著摸索出適合自己的人才模型，亦可參考 ColleGo 網站（https://collego.edu.tw/）來查詢更詳細的資訊。

▷ 你最擅長的是什麼？（可複選）

- [ ] 語文理解與表達力
- [ ] 敏銳創造力
- [ ] 邏輯推理力
- [ ] 快速知覺與總結力
- [ ] 記憶詮釋力
- [ ] 數理科學力
- [ ] 空間定向力
- [ ] 同時多工力
- [ ] 專注力
- [ ] 肢體力與協調力
- [ ] 手工操作力
- [ ] 遠觀細察力
- [ ] 聽覺辨識力
- [ ] 批判思考力
- [ ] 主動學習力
- [ ] 社會覺察合作力
- [ ] 自省促進力
- [ ] 說服協商力
- [ ] 問題解決力
- [ ] 運作分析力
- [ ] 程式設計力
- [ ] 機械操作力
- [ ] 系統運作力
- [ ] 資源管理力

▷ 你還有哪些潛在特質，或是曾經讓別人稱讚過的特質？

- [ ] 主動積極
- [ ] 樂群敬業
- [ ] 自信肯定
- [ ] 開朗活潑
- [ ] 親和接納
- [ ] 合作互助
- [ ] 堅毅負責
- [ ] 深思力行
- [ ] 探究冒險
- [ ] 變通開創

▷▷ **延伸獎勵**

你有沒有某個特別喜歡但現在還沒完全掌握的能力與特質？把它圈起來，這可能是你未來冒險中將持續升級的隱藏技能。

## Part 02　判斷你目前想像中的技能模型傾向

藉由〈4-2〉的說明來體會各種類型人才的優勢之外，在理解了自己的個人特質和擅長的領域之後，試著從中選出適合自己的類型吧！

▷　請依直覺選出目前最像你的狀態：

☐ **T型人才**：我在某一領域已經非常專精，但也有基本的跨界能力。

☐ **π型人才**：我有兩個以上的專業興趣／技能，並試著讓它們跨領域融合。

☐ **斜槓型人才**：我擁有多重技能，平常會經營好幾種不同領域的事物。

## Part 03　開啟你的技能升級地圖

行動是一切成功的基礎，試著想想你接下來可以執行的事，例如到圖書館借閱某領域的專業書籍來研讀、隨手記錄一些生活中的影音內容。

▷　請根據以上的選擇，對照下方的升級任務，並寫下你可以立刻開始執行的具體行動：

**T型**：選一項與本職專業有關的跨領域技能開始學習 ➡

**π型**：嘗試結合兩項專業，製作一份跨界作品 ➡

**斜槓型**：每週撥出兩小時（可自訂）經營你的第二專長 ➡

## 03 溫暖與實力並行！
## 與他人建立真正的深度連結

　　溫暖，是讓他人感到被理解和支持；力量，是讓這份溫暖擁有改變現實的能力。在英雄的旅程中，實力只是起點，真正令人敬重的強者，能在困境中點亮他人、在人群中連結信任，使整個團隊因他的存在而更穩健、更溫暖。

### 「有溫度」與「有力量」，才是真正的英雄

　　有溫度的人，是真誠地關心他人處境，願意陪伴、不評斷，像是在寒夜中的一盞燈，給人希望，但若是沒有「力量」作為支撐（例如知識、資源或行動力），那盞燈終究無法照亮遠方。

　　有力量的人，不只是冷靜解題的高手或目標導向的行動者，當朋友需要幫助時，你除了給予心理支持，還能提供有價值的建議與行動方案，讓對方有所收穫。真正的力量，是願意在自己的能力之上，拉別人一把，而不是居高臨下地展現優越感。

## ❗ 溫暖與責任的彼此馴服：
### 從《小王子》學到的生命連結

在法國作家聖修伯里的經典作品《小王子》中，有一句極為深刻的話：「你所馴服的東西，將永遠與你相連。」這句話揭示了情感連結與責任的深刻意義。當我們投入關懷與心力去「馴服」某人或某事，生命也會因此發生轉變——這種連結不僅讓我們對他人負起責任，也將人生變得更豐富、更有價值。

小王子對玫瑰的愛，不僅因為它的美麗，而是他曾經以時間、耐心與情感馴服了它。這份情感的連結是源於內心的承諾，真正的責任，並非為了回應社會期待，而是從

你對這段關係所投入的情感與理解延伸而來。**你付出得越多，連結越深，責任也就越有意義。**

前面我們談的是「情感如何孕育責任」，接下來則要探討「如何將責任轉化為行動」，你對他人的在意，不應只是停留在心裡的一份關懷，而是能改變現實的行動力。

小王子之所以願意為玫瑰遮風擋雨，不是因為它是世上最美的那一朵，而是因為小王子用心去「馴服」了玫瑰——在一次次的澆水、照料與對話中，他建立了情感，也承擔起相對應的責任。**真正的溫暖，不只是「在場」而是「不逃走」**；除了讓對方感到被理解，更要向對方傳達出你會留下來，陪他一起面對困難。

因此，當朋友陷入低潮時，你能做的不只是說一句「加油」，而是願意坐下來，讓他把從未有人真正聽懂的話說完；不是急於給建議，而是先問：「你想要我安靜陪伴？還是想想解決辦法？」這樣的關懷，是一種真正看見對方、願意一起同行的承諾式陪伴。

然而，如果你只有溫暖的內心，卻缺乏能改變現實的力量，依然無法幫助對方走出困境，真正的責任要能夠延伸為策略與行動，辨識出問題的本質、找出可行的方法，也許是整理一份報告的邏輯架構、協助團隊制定行動方案，這些都是將能力具體落實於關係中的「責任力」。

## 👣 1+1>2 的力量

在一段冒險旅程中,孤軍奮戰從來都不是最好的策略,現實是一個人無論多強,也終究有力有未逮的時刻。真正的英雄,並非總是能夠獨自承擔一切,而是懂得在關鍵時刻依靠隊友、攜手突破困境的人。

許多人從小被灌輸了「我一定要比別人更強,才能證明自己有價值」的競爭觀念,但是你該問的不是「怎麼贏過別人」,是「如何讓團隊一起變得更強」。當你開始關心如何幫助他人成長,而非只是關注自己的表現,就會啟動**「共好模式」**,這不僅僅是合作,更是關係的哲學。

> *共好,是在並肩作戰的過程中相互成就。*

### 從對立到默契:日向與影山的「共好成長」

一個再怎麼優秀的選手,若無法與隊友產生連結,依然無法創造勝利,唯有天分與努力不再彼此對立、信任與默契開始流動,每個人才能將潛力發揮得淋漓盡致。

在日本動漫《排球少年!!》中,日向翔陽對排球充滿

了熱情，夢想是想要站上球場、發光發熱，但他卻沒有世人認為「適合打排球」的條件：他的身高不夠高，經驗也不足。而這樣的他，卻有著強烈的信念與拚勁。他遇見的另一個隊友是影山飛雄，一位擁有驚人天賦、技術精準，卻過於強勢、不擅表達情感的舉球員，他們一開始根本無法溝通，經常意見相左、配合失誤。

但隨著一次次磨合與比賽的淬煉，他們慢慢看見彼此的價值，也開始明白對方的不足，剛好是自己可以補位的空間。日向的爆發力需要影山的精準傳球才能發揮；而影山也因為日向的努力，學會調整自己的步調，重新理解何謂「團隊」與「隊友」。當他們學會信任對方、共同成長，一個原本矛盾的組合，就進化成了最具殺傷力的搭檔。

## 深度連結，就是你內建的人際超能力

在青少年階段，建立關係不是一場人氣競賽，也不是靠話術與外表包裝就能長久維繫的遊戲。你可能曾努力讓自己變得好相處、試圖迎合每一個人，最後卻感到筋疲力盡，甚至懷疑自己是否有被看見過。真正能陪你走得長遠的關係，往往不是出於一時的熱絡互動，而是來自那些能與你真誠交流並在低谷時仍願意接近你的人。

要成為這樣的人，不需要是社交達人或情緒醫生，而是要培養一種內在能力：**深度連結**，它是融合了溫暖與真

實、理解與界線的關係智慧。這種能力並不靠技巧堆砌，而是在一次次願意理解、願意陪伴、誠實坦承「我其實也有不懂的時候」的那份勇氣，一點一滴錘鍊而成的。

**溫柔靠近，也敢真實示弱：
打造安全又親近的關係起點**

信任的建立，不一定需要轟轟烈烈的自我剖析或深夜對談，而是從一個個微小卻誠懇的瞬間開始。當朋友悄悄提起家中發生的爭執、課業的壓力或情緒的低潮，你不必立刻給予答案，也毋須急著講大道理，只要放下手機、專注聆聽、輕聲回應：「你那時候應該很不好受吧？」這樣的同理，比想像中更有力量，因為那代表你願意陪伴他的處境，而不是急著修補對方的情緒。

當我們談到「做自己」，很多人以為要展現自己最強大的一面、讓人看到自己的獨特與優秀之處。但其實，讓人想靠近的不是完美的你，而是那個也會遇到挫折、會出糗、會迷惘的你。如果願意在朋友面前坦白：「我也曾經很害怕。」「我有時也會懷疑自己不夠好。」這並不是在示弱，而是傳遞出一個邀請──我不完美，但願意和你真誠相待。

人與人之間的連結，是建立在讓彼此感受到：原來你也和我一樣，是個渴望「理解」與「被理解」的人。

### 默契來自同行，連結需要時間

你可能會發現，關係的深度，很多時候不是從「我們聊了什麼」開始的，而是來自「**一起經歷了什麼**」。就像是那場你們一起策劃卻差點搞砸的活動，那次你們熬夜準備報告、緊張到彼此崩潰又互相打氣的時刻，共同走過的混亂與挑戰，就是默契的發酵器，與其說三百句話，一起解幾個任務，更能讓人留下記憶與信任。

不過也別忘了，真正深刻的關係要靠時間來培養，也需要空間沉澱，不是每一次的關心都會立刻得到回應，並非每一份真誠都會馬上被接住。有時候你可能會覺得自己的付出被忽視了，那是因為每個人回應情感的節奏不一樣，有些人是慢熟型的，必須經過多次觀察與確認，才能打開心門。

你要做的是保持自己的真實與穩定，不強求、不急躁，用耐心與溫暖慢慢靠近，當你給予真誠而非交換或交易，對方將在某個不經意的時刻，把你視為真正的依靠。

### 深度連結，也需要保留你自己的邊界

當我們開始成為那個願意傾聽、溫柔陪伴的人，也會慢慢發現，可能一不小心就成了別人的情緒垃圾桶。對方把負能量傾倒在你身上，不一定是因為他真的信任你，而是習慣有人一直在身邊、從不拒絕。此時，如果不懂得設立

界線，很容易會持續內耗，或懷疑是不是自己不夠善良、沒有同理心。

所以要記住，真正成熟的連結，不是毫無界線的付出，而是帶著原則的關懷。可以說：「我很在乎你的感受，但有時也需要一點空間。你可以提出邀請而不是承擔：「我們可以一起想想該怎麼辦。」**關係的深度，從來不在於自我犧牲**，而取決於你們是否都能夠在其中成為更完整、更自由的自己。

在這場人生旅程中，你會遇見許多人，有些人是擦肩而過，有些人會同行一段路，少數則是一直留在你生命地圖上的重要之人。而你也會慢慢發現，讓自己感到開心與滿足的，不是當一個最受歡迎的人，而是成為讓人安心靠近又願意同行的旅伴。

這份能力，並不來自高超的社交手腕，也不是依靠動聽的話語，而是一顆真誠又堅定的心。你能在朋友低落時安靜陪伴，也能在隊友迷失時拉他一把；承認自己的不安，卻不放棄成長；不急著證明自我，而是選擇不斷練習，成為一個更值得信任的人。

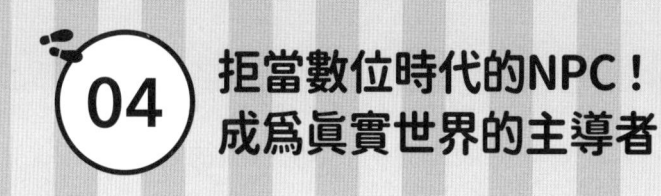

# 04 拒當數位時代的NPC！
# 成為眞實世界的主導者

　　有些人在社群媒體上「朋友清單爆滿」、和許多人保持互動，卻說不出誰真正懂你最近的心情；明明剛滑完一整排 IG 限動、回完所有訊息，卻還是感到空虛⋯⋯我們以為自己身處龐大的社交網絡裡，卻經常感受到前所未有的孤單。

　　曾幾何時，開始把「好友數」當作人際關係的指標？當螢幕上的互動取代了面對面的交流，「點讚」和「已讀」成為情感維繫的方式，友情與戀愛被壓縮成一連串的通知提醒。我們的社交行為變得更像是在經營個人品牌，而非真實的情感連結。在心理學上，這種現象被稱為**數位社交錯覺**」（Digital Social Illusion），指人們因網路上的互動而誤以為自己擁有強大的人際網絡，但在實際的社交需求發生時，這些「關係」往往不具支撐力。

## ！虛擬社交的陷阱，讓你以爲連結了全世界，卻反而更孤單？

　　經過英國人類學家羅賓・鄧巴的研究指出，人類的親密

關係具有數量上的限制,即所謂的「鄧巴數」(Dunbar's Number)——大腦只能有效維繫約150個穩固的社交關係,而非成千上萬的社交媒體好友⋯⋯而這正是當今數位時代下的社交困境:我們以為自己與許多人建立了連結,卻無法維繫真實的關係。

## 「點讚 = 友情」的錯覺:
## 當社交反應取代了真實情感

按讚、留言、回限動、丟貼圖⋯⋯這些常常被演算法視為「高互動」的行為,使我們慢慢相信,只要對方有回應,就表示關係仍然穩固。但請你試著回想看看:上一次和朋友面對面、沒有看手機、好好聊超過30分鐘,是什麼時候?如果這個記憶已經模糊,並不代表沒朋友,而是已經習慣了虛擬的關係模式:一種快速、即時、無壓力,同時也無深度、無承諾、無溫度的互動。

心理學家指出,「數位互動的滿足感是短效的,深度連結的缺席才是孤獨的真正根源。」更有研究顯示,青少年每天平均花費超過四小時在社群平臺上,但其中高達78%的人卻仍表示「經常感到孤獨」⋯⋯**我們用大量即時訊號安慰自己,卻無法真正感受到被理解。**

曾經被人連續按了好幾則限時動態的愛心,卻在真正需要傾訴時,想不到可以傳訊息或打通電話的人?無數次回

應朋友的貼文，卻說不出「我其實很想見你一面」？這就是虛擬互動的最大陷阱：我們正在把「關心」誤會成「留言回應」，把「被理解」誤會成「被按讚」。

## 人設濾鏡的雙面人生：
## 當「展演」成為習慣，真實就被遺忘

某天，你其實心情不太好，覺得自己很糟，還因為犯了錯而挨罵，但你依舊在限時動態上傳了一張在咖啡廳的照片，配上一句：「今天真不錯。」但你不是想欺騙別人，而是不想讓人看到脆弱的一面，才選擇呈現出「光鮮亮麗的自己」。

這就是「人設濾鏡」的核心：我們不知不覺把社群當成了舞臺，把自己當成品牌來經營，你知道什麼樣的內容會被按讚、被留言、會給人留下良好印象，於是漸漸把那些「不夠完美」、「不夠堅強」的你隱藏了起來。

但代價是什麼？是越來越難在需要被理解的時候，說出真正的情緒；心裡也明白，社群上的你並不是真實的你。更不禁開始懷疑：「為什麼大家都過得這麼好，只有我一團亂？」「是不是只有我會焦慮、崩潰？」實際上，每一個光鮮亮麗的文字和照片背後，也藏著別人沒說出口的痛，只是你在滑社群平臺時忘了這件事。

## 好友數 vs. 真朋友：量化焦慮的無形壓力

你是否也曾經在發完限動之後，不斷查看觀看數？貼文按讚人數低於預期時，就忍不住悄悄把它刪除？或是在發文前猶豫再三，這些行為其實不是你太在意別人眼光，而是正受到「社群量化機制」的影響。

我們以為自己在經營關係，其實是在經營表現。以為好友數的成長代表人際的擴展，卻只是在累積關注名單。而真正的矛盾在於：社群被設計成「展示大家想被看見的樣子」，卻讓人忽略「想被真正了解的自己」。

這就是**量化焦慮**的本質：為何我們將「值得被愛」這件事，交給數字去裁定？按讚數＝受歡迎程度、留言數＝人氣指標、追蹤數＝自我價值──每個數字都像一把無形的尺，不斷衡量自己是否「夠好」。而當你過度依賴這些可見指標時，人際信任與自我價值感也不知不覺被外部世界綁架了。

請誠實地自問：如果有一天，所有社群帳號歸零、追蹤者全部消失，還能知道誰是你真正想聯絡、想見、在難過時說出心事的人嗎？這不是要造成你懷疑人際關係的真實性，而是提醒你：數位互動可以很頻繁，但真正的關係是需要被選擇、被回應、被守護的。

## 你以為你在連結,其實你正在退化:虛擬社交的隱形傷害

這一代人比任何一個時代都更容易「接觸到他人」,卻也可能是史上最孤單的一群。我們的社交圈看似熱鬧非凡,訊息跳個不停、貼圖與限動來往不斷,但這些輕盈的互動,真的等於有人陪伴嗎?還是我們正在一種被模擬的人際感所包圍,習慣了「感覺有人在」,卻不擅長縮短與他人的真實距離?

虛擬社交最大的傷害,不是導致你沒有朋友,而是讓人誤以為自己「不需要」真正的朋友。你以為有持續和朋友進行對話,卻只是維持了最低強度的聯繫;覺得自己很擅長交際,其實是習慣用表情與即時貼圖回避更真實的情感交流。接下來的兩個「隱性傷害」,正逐步侵蝕我們的同理心與親密能力──讓人變得更不會說話、更不敢見面,甚至無法與現實世界中真正關心我們的人,創造更為深刻的連結。

### 「淺碟式互動」讓你同理心降低

心理學研究指出:大腦的前額葉皮質是負責「感受他人情緒」與「控制衝動反應」的關鍵部位,而長時間的即時訊息式互動,會讓我們的對話慣性變得「快而淺」,訊息來了就回、跳話題也不奇怪、說話不用太多上下文,一個

貼圖就可以結束一段談話。這樣的互動模式，逐漸讓我們的大腦失去了處理「情感細節」的耐性與能力。

更可怕的是，這種對話方式會在潛意識中形塑你對「人際互動」的預期：習慣別人秒讀秒回、每一段話都要節奏快、有趣、短小精準。當有個朋友真的想跟你好好聊聊，說話比較慢、內容比較複雜時，你卻會感到不耐煩、有點想逃避。這就是所謂的「同理心退化」。

### 傳訊息成了逃避社交的替代品

或者，你每天都會在限時動態互相留言、傳貼圖、分享迷因，但說到「約出來見個面」，反而會猶豫或感到一絲尷尬？

這是一種越來越常見的虛擬親密感陷阱：以為彼此的關係熱絡，但其實早已不再習慣真實的互動，默默進入了一種被心理學家稱為「單向維持」的模式。但這並不全然是任何人的錯，是即時通訊的設計，讓我們習慣了零風險的關心，包含傳訊息不用留意對方表情，也不怕說錯話之後現場空氣凝結，更重要的是你可以隨時退出對話、已讀不回，也不需要面對衝突或冷場。久而久之，我們對「真實相處」產生了一種潛在的不安與迴避，有些人會選擇不接電話、不看訊息，或者用「貼圖式關心」取代面對面的情感經營。

開始習慣「傳訊息」代替「說話」之後，其實也正在讓自己的社交能力慢慢鈍化。與其讓那些原本可以更深的關係，只停留在訊息欄裡，不如偶爾也和朋友約出來好好見個面、找間咖啡廳互道近況吧！

## 升級你的社交技能

藏寶箱

現在就開始行動,讓你的社交關係不只是點讚和留言,而是建立真正的情感連結!運用接下來的三個月時間,嘗試以下幾個挑戰吧。

### 一:這週約一個朋友見面

▷▷ **規則**:和一位你已經很久沒有見面的朋友約個時間見面,並且進行一場雙方都不滑手機的深度對話。

▷▷ **目標**:提升現實社交互動,看看這段關係是否真的具有高羈絆值!

▷▷ **達成紀錄**:

### 二:主動關心一位「半消失」的朋友

▷▷ **規則**:挑選一位你曾經關係很好、但近期比較少聯絡的朋友,發個訊息詢問近況,看看能否重新建立連結。

▷▷ **目標**:避免關係因為「沒有主動」而淡化,讓真正的夥伴回歸你的冒險團隊!

▷▷ **達成紀錄**:

### 三：檢視你的社交隊伍

▷▷ **規則**：翻閱你的好友清單，思考哪些人是真正的「戰友」，哪些人只是「過場角色」。

▷▷ **目標**：珍惜真正重要的關係，減少對無意義社交的時間投入。

▷▷ **達成紀錄**：

## 05 找到人生夥伴與角色定位

如果人生是一款開放世界 RPG，那麼，地圖上將標示出三大核心區域：

| | |
|---|---|
| 新手村 | 例如校園生活，這是你建立角色設定、培養初始技能的訓練場。 |
| 攻略任務 | 例如競賽與營隊，考驗你的團隊默契與特殊能力。 |
| 開放世界 | 例如未來社會與職涯探索，是讓你選擇主線與支線任務的真實試煉場。 |

這場冒險，你不一定每關都要組隊，但必須學會辨識，何時獨行、何時結盟，才能解鎖真實人生的進階關卡。

### 友情試煉場——
### 在社團裡練就團隊默契與角色定位

想像一下，你剛進入新手村（也就是校園），身上帶著一把木劍和一顆期待冒險的心。還不確定自己的定位，也尚未遇到志同道合的夥伴。而學校社團，就是一座等待你挑戰的副本。

有些副本可以讓人發揮天賦，有些則會激發潛能，但前提是你得選對場景、帶對裝備，並理解你此刻的選擇，會決定你日後養成哪一種冒險流派。以下是社團攻略的兩種模式：

| | |
|---|---|
| 興趣導向<br>社團攻略 | 適合想要持續深耕的你。選擇你熱愛的技能樹（如繪畫、音樂、運動、科技），不只提升熟練度，還能認識同樣沉迷這個領域的高等玩家。 |
| 挑戰導向<br>社團攻略 | 適合想突破自我的你。跨出舒適圈，接觸你從未接觸過的領域，如辯論、舞蹈或表演，像是選擇高難度隱藏任務，雖然開局卡關，但通關後的成長值爆表。 |

選擇社團時，其實也相當於在選擇你的角色職業，這是你對「自我認同」所做的一次賭注。下列這張冒險者養成表，可以幫助你從角色天賦出發，精準找到屬於自己的定位與進化策略：

| 冒險者職業 | 天賦特質 | 適合社團 | 潛在弱點 | 成長建議 |
|---|---|---|---|---|
| 煉金術士<br>（工匠型） | 喜歡動手、重實作、穩定型玩家。 | 科學研習社、工藝美術社。 | 可能只顧技能，忽略團隊互動。 | 多參與合作型任務，練習溝通與團隊分工。 |
| 智識法師<br>（學者型） | 擅長理論與思辨，愛推理。 | 數學社、模擬聯合國、棋藝社。 | 易過度思考內耗、忽略實作。 | 嘗試實務導向職務，提升執行力。 |

| 冒險者職業 | 天賦特質 | 適合社團 | 潛在弱點 | 成長建議 |
|---|---|---|---|---|
| 吟遊詩人（創作型） | 感性的直覺強、愛表達與創作。 | 美術社、戲劇社、音樂創作社。 | 情緒成本較高、容易抗拒規範。 | 結合創作與紀律，讓天分發光。 |
| 神隱善人（輔助型） | 關心他人、擅長傾聽與照顧人。 | 心理社、志工社、社會服務社。 | 容易過度付出，忽略自我需求。 | 練習設定界線，培養內在穩定感。 |
| 英勇戰士（領導型） | 敢衝敢做、善組織、目標導向。 | 學生會、運動型社團、康輔社。 | 壓力過大，情緒需要宣洩出口。 | 練習放權與團隊協作的柔性策略。 |
| 策謀軍師（事務型） | 注重規劃、條理分明、重制度。 | 辯論社、學生會、社聯會。 | 容易過度保守、不敢大膽冒險。 | 嘗試創意型任務，開拓更多可能性。 |

## 思辨升級：選擇你的「未來人格原型」

我們常以為選擇社團或參加比賽，是一件很日常的小事，但其實，那些都是一個個「跨出舒適圈」的機會。比方說，或許你是個內向話少的人，卻參加了演講比賽；從沒寫過企劃書，卻硬著頭皮接下了活動總召。那一次的選擇，讓你看見了什麼？你害怕的是什麼？又得到了哪些成長？

如果能回到那一刻，會做出同樣的決定嗎？你是否會再更勇敢一點？或者願意誠實地承認「那不是你真正想要的路」，那個決定撤退的你，也同樣值得尊敬。請試著自問幾個問題：

- 參加這個社團,是因為真的想探索那個領域,還是怕成為邊緣人?
- 你選擇成為社長,是因為想帶領大家?還是只是想在學習歷程裡留下紀錄?
- 你願意在一個「不一定最強、但能互相陪伴」的隊伍裡成長,還是盲目跟風?

選擇,是一種能力;更是選擇的覺知與承擔。人人都有迷惘的時候,但即使迷惘,也請記得勇敢踏出那一步。

> 每一次選擇,都是在對自己說:
> 「我想成為誰?能忍受怎樣的痛?
> 願意放棄什麼?」

## 組隊冒險戰——在競賽與營隊中打造深度連結

當你等級提升,走出新手村之後,眼前將迎來更廣闊的副本地圖,包含比賽、營隊、跨校合作小組、城市探索任務⋯⋯這些場域不只測驗你的技能,也考驗是否能與他人攜手作戰、共同經歷失敗、一起成長。這時,必須學會一個重要的技能:辨識隊伍風格,選擇合適的冒險陣營。

## 戰隊集結任務——在競賽與營隊中覓得真正的夥伴

接下來,你即將和戰隊一起出征:資料蒐集、角色分工、內訓排演、策略模擬……每一次出擊都可能決定你們是否能破關。若選錯隊伍或夥伴,可能會一再關卡。因此,首先該做的是辨識自己適合的冒險流派:

| 目標驅動型戰隊 | 熱情驅動型旅團 |
| --- | --- |
| ● **特質**:以奪冠為唯一目標,成員實力平均、流程嚴謹、任務壓力較大。 | ● **特質**:以經驗為主、重視人際連結、流程彈性、喜歡氣氛融洽。 |
| ● **心態**:我能熬、我喜歡衝、我想一步步打磨自己。 | ● **心態**:我想探索、重視關係、我想快樂成長。 |
| ● **挑戰**:若無法跟上節奏,會被淘汰;在長期高壓下,團隊成員之間容易互相監督或批評。 | ● **挑戰**:若缺乏目標或推進力,任務可能鬆散失焦,容易拖累進度或分工失衡。 |

▶ **精準匹配你的任務場域** ◀

| | 目標驅動型戰隊 | 熱情驅動型旅團 |
| --- | --- | --- |
| 合適場合 | ● 科學競賽:高強度研究+數據驗證。<br>● 黑客松、程式競賽:高壓限時專案開發。<br>● 商業模擬與創業挑戰:市場分析+高張力簡報。 | ● 藝術創作營、戲劇、音樂營:強調創作歷程與交流氛圍。<br>● 國際遊學課程、語言學習團:培養文化理解與跨域對話。 |

|  | 目標驅動型戰隊 | 熱情驅動型旅團 |
| --- | --- | --- |
| 合適場合 | ● 模擬聯合國、辯論賽：需要硬核的查找資料與臨場對抗力。 | ● 社會創新提案、志工服務：任務導向但關注影響力與感受。<br>● 戶外挑戰營、探險營、運動競賽：團隊合作＋身心鍛鍊。 |
| 優勢 | 實力飛升、模擬職涯、累積學習歷程檔案。 | 人際連結強、情緒支持高、成長曲線柔和。 |
| 需要留意 | 高壓訓練、社交經營、情緒管理熱情。 | 可能易遇「躺分豬隊友」、團隊工作進度慢、難以產出具體成果。 |

## ✦ 團隊修煉場：面對「擺爛隊友」，你會怎麼做？

冒險的過程中，一定會遇見這種成員：開會遲到、進度落後、話很多、貢獻很少，甚至拖累整隊。這時，該直接批評、選擇忍耐、自己默默收拾爛攤子還是離開？這並沒有絕對正確的答案。重要的是：**你的行動，是否符合自己所信仰的價值？**

你是在練習勇敢說出界線？還是在學會同理對方背後的困境？願意在重要關頭撐住全場？或選擇回到單人模式，找回自己的節奏？無論是哪一種，只要是經過思辨後的選擇都是一場學習，因為每種反應，都反映了你對於關

係的理解,以及願意承擔多少現實的重量。

隊友不只是共同完成任務的人,而是一起走過變動、見證彼此進步的人。同時,也請你回頭看看:自己是願意傾聽、包容錯誤、能給予他人空間的隊友嗎?很多人走進隊伍,是害怕錯過機會;也有些人是因為渴望與人同行。但真正成長的是當你意識到:每一次的加入與退出,都是對「自己價值排序」的再一次確認。

我們能否在一場失敗的合作中,看見彼此的努力?在不一致的頻率中,仍可找到共鳴的聲音?能為你帶來成長的隊伍,不一定永遠是贏家,而是彼此願意在裂縫中重組信任的團隊。

第 5 章

# 超越自我

## 打造你的英雄傳奇

真正的英雄旅程，從來不只是為了個人的勝利，而是要創造更大的價值。本章將帶你思考如何持續突破自我，開創更廣闊的未來，讓付出的努力不僅影響自己，也能為世界帶來正向的改變。這是成為傳奇的關鍵一步！

## 01 英雄之境界——
## 從「自我成就」邁向「內在滿足」

　　詩人羅伯特・佛羅斯特曾在其詩作〈未走之路〉裡寫道：「兩條路分岔在黃色的樹林裡，而我選擇了人跡更少的那一條，這讓我與眾不同，往後的歲月，也因此改變。」在人生的岔路口，你是否也曾低頭凝視著那條「人跡更少的道路」，想像如果踏上它，會通向怎樣的世界？

　　我們從小就被教導，應該走上那條早已鋪設好的「成功」道路：努力讀書、考上好學校、找到高薪工作、過著穩定的生活，然後一步步爬上更高的社會階梯。這條路看似寬廣順遂，還有一張張獎狀、證書、薪資單與社會地位來證明它的正確性。但當我們回首這一切時，是否能感受到內心的滿足呢？

　　當成功的定義早已由社會決定，努力的方向早已被框架規劃好，如同佛羅斯特的詩揭示了一個人生最深層的思考：我們的選擇是否真正來自內心，或只是跟隨了多數人的腳步呢？

## 👣 碰上迷霧，
## 　是旅程「再次啟航」的訊號

過去，你經歷過召喚與試煉，學會如何戰鬥、突破極限、努力在未知的世界中生存了下來。但當你走過所有關卡，站上頂峰，卻發現自己又回到了起點，那個最初的問題再次浮現：「我真正想要的，到底是什麼？」

這並不意味著失敗，而是這趟英雄旅程最關鍵的秘密——真正的英雄，不會因為征服了一場冒險就停下腳步，而是能夠在每一次的成功後，再次踏入未知，去探索更深層的自我。

你並沒有迷路，只是來到了新的階段，就像當初踏上冒險時，周遭的世界也曾經充滿未知。現在的你，不再是那個懵懂的旅人，也擁有了過去的經驗與智慧，但這一次的挑戰不再是打敗怪物、蒐集裝備、獲得各種稱號，而是回歸內心，尋覓真正的方向。

在教育體制與社會框架的推動下，我們被塑造成不斷向前衝刺的競爭者，卻鮮少有人停下腳步，靜心思考：「我想要過一個什麼樣的人生？」因為這問題的答案，往往無法透過數字、排名、社會地位來量化，它不像薪資、學歷、名聲那麼明確，反而更接近一種狀態，比方說，能夠自由選擇每天的生活方式；又或者它可能是一種內在滿足感受，在做某件事情時，內心真切地體會到的純粹喜悅與

真實意義……但這些東西,卻往往在社會競爭的洪流中被人們忽略了。

## 內在滿足的三大要素:選擇感、成長感、意義感

我們可能會以為,滿足感來自於外界的掌聲、數字的累積,或是一個個成就徽章,但真正的滿足,不一定源自外在的認可,而是內在的穩定與踏實。以下三個要素,就是能為我們帶來滿足的來源:

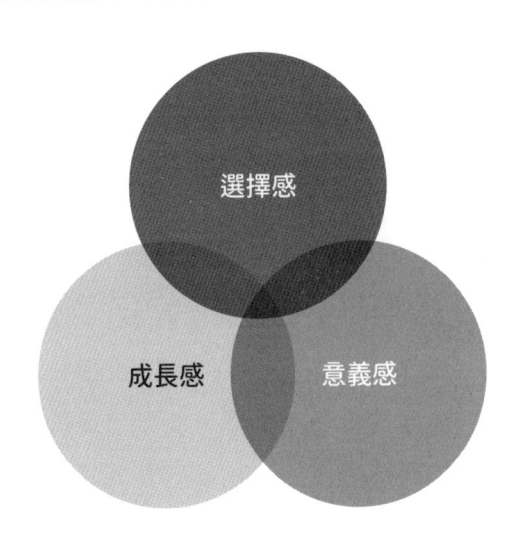

選擇感

成長感　意義感

### 選擇感:這條路是「我自己選的」

你有多少次,為了一個目標而付出心力,在達成後卻感到無比空虛?這也許是因為那條路從一開始就不是由你來

選擇的,是出於社會的期待、家庭的壓力,或這條路比較穩定、更符合現實規則。當一個決定並非發自內心,只是順應外界的標準,無論結果如何,它都難以為你真正帶來滿足感。

真正的選擇感,來自於「這是我自己所決定的」,即便這條路充滿風險,仍願意承擔,因為它是屬於我的選擇。但這並不代表我們要與社會的主流價值觀完全對立,而是要提醒自己,在遵循某條道路時,它為你帶來的意義是否真的符合內心的渴望。

**擁有真正的選擇感時,努力才會變得有意義**,而不會只是機械式地達成一個個目標,卻對內心毫無滋養。讓選擇變成你自由的起點吧。

## 成長感:我正在變得更強、更完整

真實的滿足感,不來自於「贏過別人」,而是「每日都比昨天的自己進步了一點」,如果你天天都只是在重複過去的模式,即使獲得再多的獎勵,久了之後內心仍會覺得空虛,它並不能帶來真正的進化。因為成長感,是一種來自內心的動力,讓你知道自己正在擴展、挑戰、提升,而非停滯不前。

許多人會以為成長等同於「獲得更多的東西」,像是更好的成績、更高的薪資、更耀眼的頭銜。但成長不只是外

在的累積而已，還有內在的變化。

比方說，當你回顧過去，是否能感受到心智上的提升？是否變得更有智慧、更有洞察力，或更能深入理解自己的情緒與需求？

這就是許多已經功成名就的人，仍會感到不滿足的原因，他們可能獲得了漂亮的學歷、社會地位或是財富與尊榮，卻不再感到快樂，甚至心想：「我這麼努力，究竟是為了什麼？」當你覺得自己「已經到達終點」，那才是真正的停滯，而這往往是內心空虛的開始。

### 意義感：這件事，對我來說有價值

人類最大的痛苦，不是勞累，而是覺得自己所做的一切「沒有意義」。每個人的意義感來源不同，有些人覺得能幫助他人是一種價值，有些人則喜歡探索未知世界來讓自己充滿熱情，還有些人認為單純地沉浸在創作與學習的過程是最大的快樂，關鍵在於，能否找到那件「即使沒有掌聲，仍然願意去做」的事？

雖然社會的價值觀總是會告訴你「有錢才是成功」、「被別人認可才有價值」，導致人們開始忽略內心真正的

聲音,會因此而感到空虛也許並非不夠成功,而是你走上了一條「與你內在渴望無關的道路」。

若你的選擇來自於自己的價值觀,而不是社會的期待;當你的努力能帶來真實的成長,不只是為了換取某種回報;當行動能夠讓你感受到真正的意義,而非單純為了完成一個目標,那麼你不僅是成功,更能感受到滿足。

## 02 打破天花板──
## 如何突破個人極限，擺脫停滯期？

有時，你覺得自己到達能力的天花板，並不是因為無法突破，而是我們已經適應了當前的高度，習慣當下的舒適圈，便不自覺地停留在原地，不願（或者覺得沒必要）再往上爬。

心理學研究顯示，如果我們重複做某件事情，並達到一定的熟練度後，大腦的學習曲線就會趨於平緩。也就是說，當一件事不再帶來挑戰，大腦便會自動降低對它的關注度，導致興奮感下降、學習動力減弱，最終就又會讓我們進入「崩壞的自動駕駛模式」（詳見 P.90）。

### ❗ 你設下的不是極限，而是信念的圍牆

多數時候，你以為到達了極限，其實只是撞上「內心認為自己能力只到這裡」的那道牆。我們可能以為是因為天資不夠、環境不利、機會太少才無法再突破──但說不定，真正困住你的是心裡的那句：「我就是不行」。心理學家稱這種現象為「**自我設限**」（self-handicapping）：當一個人預期自己可能會失敗時，會下意識地降低挑戰目

標、減少努力,來保護自尊,避免難堪。但這麼做的代價就是讓你不再成長。

更可怕的是,這種信念往往不會以「我不行」的形式出現,而是偽裝成一種理性的判斷,比如:「我文科不好,不適合報考這個系」、「我沒有人脈,參加這個比賽也不會有結果」⋯⋯用諸多看似有道理的理由,把自己關進了一座隱形的牢籠。

## 把信念的牢籠變成起跳板

那麼,該怎麼拆掉這些看不見的限制?其實只需要做一件事:針對你腦中那句「我不行」,設計一個反向證明它的微任務,比方說:

- 總覺得自己上臺報告會出糗的話,就試著在小組討論時多發言一次。

- 如果認為「我不是可以考上頂大的人」,那從現在開始,把其中一科當成你的試煉,設定階段性目標,像是「我要在下次段考把這科拉高十分」。

每完成一次這種「微突破任務」,就相當於在自己曾以為的極限上鑿出一道裂縫。別小看這些裂縫,它們會慢慢地擴張,直到你看見牆外的光。真正的成長,不是靠一夕間翻轉人生,而是靠一次次有意識的、不再逃避的選擇。

## 成功者困境：
## 成就高的人，反而更容易陷入停滯？

「成功者困境」指的是那些曾經取得顯著成就的人，更容易在後續的事業或人生階段陷入停滯、失敗，甚至難以突破自我。這種現象在企業家、創業者、企業高層之間尤為明顯，因為當人已經習慣了一種模式，並獲得穩定的成就，**大腦會自動選擇「迴避風險」**，讓你不再願意去嘗試新的挑戰，因為「現在的狀態已經足夠好」；又或者身處高位後，難以找到能理解自己壓力與困難的對象，「高處不勝寒」正是這個道理。

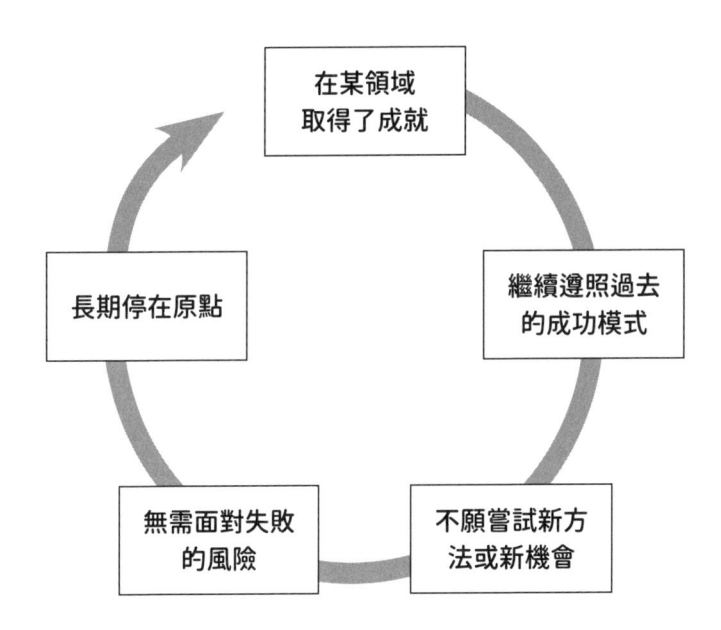

在某領域取得了成就 → 繼續遵照過去的成功模式 → 不願嘗試新方法或新機會 → 無需面對失敗的風險 → 長期停在原點 → （循環）

就像亞洲最具代表性籃球員之一的林書豪，2012年他在紐約尼克隊的連勝表現讓他一戰成名，被譽為 NBA 最勵志的故事之一，但在真正進入 NBA 後，他卻逐漸成為替補球員，沒有獲得穩定的上場機會，又在受傷後狀態下滑，由於外界對他的期待過高，林書豪承受了極大的心理壓力，並且在2019年曾公開表示：「我覺得 NBA 已經放棄了我。」接著在一段停滯期之後，他重新定義了「成功」，在2023年回到臺灣職籃，嘗試帶動本土籃球發展，也不再執著於一定要留在 NBA，而是找到自己熱愛籃球的初衷，重新創造價值。

　　因此，除了培養成長心態，將失敗視為學習機會，不斷自我挑戰之外，也要正視自己內心的壓力與孤獨，適時尋求專業的協助；當然，更應該擁抱創新和變化，不斷檢視過往的經驗，勇於嘗試新策略與方法。

> 人生最大的風險，
> 　就是從不冒險。

## 👣 不只是向上,而是轉向——
找到真正屬於你的高處

其實,有一種不容易被察覺的「進步」,叫做內在的轉化。它不是讓你變成別人眼中的成功者,而是更清楚:我到底為什麼而走?為何而努力?關於這點,你必須先接受「我已經不是過去那個渴望衝刺的人了」,然後允許自己調整節奏、重新定義方向。也許會因此發現,你需要的是更深層的整合——將曾經的創傷化為力量,將累積的挫敗轉換為智慧。

突破,從來不是一場與他人較量的比賽,而是一場安靜的覺醒,是你在世界喧囂之中,仍願意坐下來,誠實地問問自己:「我還想成為什麼樣的人?」「想繼續往什麼方向前進?」

## 👣 從「突破＝勝利」
到「突破＝理解自己」

哲學家叔本華曾說「人生的痛苦來自欲望的無限延伸」,你不斷想突破的慾望,也許從一開始就是社會、比較心與各種讚賞堆出來的幻影。人生真正的課題,不是「你是否夠好」,而是「為什麼要變好?那個『更好』,到底是由來誰定義的?」當你將突破視為「勝利」,便很

容易陷入不斷征服與懷疑的輪迴，但如果將它視為一次次對自我的誠實覺察，那麼即使選擇了慢下來、轉換方向甚至暫停，這依然是英雄旅程中的一部分。

　　我們所需要的，從來不是能戰勝所有人，是真心擁抱自己的位置與選擇的勇氣，願意承認「我想知道該如何更認識自己」，而非只是想知道如何才能成功。

## 03 變局中的航海術──
## 駕馭未知,讓不確定性成為優勢

在人生的旅途中,總有些時刻,你會感到徹底迷失、目標變得模糊,曾經讓你充滿熱情的事物似乎不再有吸引力⋯⋯這種迷茫讓人不安和痛苦,因為我們都希望生活是清楚又可控制的,但現實卻往往充滿著不確定。

當你站在這片混沌之中,別急著感到害怕,因為這可能正是進化的關鍵時刻,在坎伯的《英雄之旅》中,就曾言**「混沌之地」**(The Abyss)是個英雄必然要經歷的階段,它不只是挑戰,更是轉變的核心。

這世界上每一個人都曾在經歷過這種黑暗時刻，有些人在面臨心理崩潰或絕望後一蹶不振，也有些人能直面自己最深層的恐懼、創傷或內心的陰影，最終超越困境、獲得新的洞察力或啟示，完成內在的轉變，為接下來的旅程做好準備。

## ❗ 英雄內心的「至暗時刻」：
## 如何讓混亂成為競爭力？

在神話、文學與電影中，「混沌之地」總是以極端的考驗形式出現，例如：黑暗森林、深海、洞穴等象徵未知和恐懼的場景，或是面對強大的敵人、自我內心陰影與超自然力量等。這一刻，英雄不僅要對抗外在的強敵，更重要的是必須直面自己的恐懼與掙扎，這種內在的蛻變，可能是經歷一場決戰、一段絕望的旅程，或是走進象徵性的試煉場。

無論哪種形式，混沌之地都是英雄旅程中最嚴峻、但也最關鍵的階段，因為它決定了英雄是否能夠突破舊有的自己，真正迎來新生。

在希臘神話《奧德賽》中，奧德修斯並不是最強壯卻

是最聰明的英雄,當他在航海旅途中遇到無數變局時,沒有選擇放棄,而是根據不同的環境調整策略——用計謀逃出獨眼巨人的洞穴、以蠟封住船員的耳朵避開賽蓮女妖的誘惑、在強風與海浪中調整航行方向。他在旅途中面對各種挑戰,包括自然災害、神祇的干預以及怪物的威脅,除了智慧,奧德修斯還展現出極大的耐心與自制力,而他的核心目標是完成「返鄉之旅」,正因為他始終渴望回到家鄉,這樣堅定的信念驅使了他克服重重困難,才能夠順利生存下來。

在電影《星際大戰》系列中,路克・天行者與達斯・維達的決戰,不僅是一場光劍對決,更是路克內心掙扎的具象化表現。路克一直認為維達只是銀河系的邪惡勢力,但當他發現維達是自己的父親時,他面對的不只是戰鬥本身,而在於「是否接受自己的黑暗面」的內心搏鬥。他的信念受到了前所未有的衝擊,本來以為英雄與反派的界線是絕對分明的,卻發現自己可能與敵人有著相似的血脈與潛能。

在《魔戒》的電影版中,佛羅多和山姆由於旅途的艱辛和魔戒的腐蝕,佛羅多感到極度絕望,甚至一度因恐慌而拔劍指向山姆,山姆卻望向遠方的陰影與火山回應道:「這就像是我們以前聽過的那些精彩故事……充滿著黑暗和危險,有時候你根本不想知道結局……但無論有多少黑暗都終會退去,嶄新的一天將會到來!」藉此來告訴佛羅

多,在艱困中仍必須要秉持著信念。

在人生中,可能會發現自己正走向某個令人害怕的深淵,例如,當我們試圖改變自己時,卻發現與過去的價值觀產生了衝突,讓人質疑這樣的選擇是否正確,但真正的勇氣不是逃避黑暗,而是直面它,並且依舊不放棄希望。

## 孤獨與考驗——
## 無法依賴別人來拯救你

混沌之地的另一個特徵,是孤獨。在這個階段,英雄通常無法仰賴他人來幫助自己,因為這是一場必須獨自面對的考驗。也是最容易讓人放棄的時刻,我們已經習慣尋求外界的指引,從小遵循著老師的教導、家人的建議、朋友的支持,或者總在遭遇困境時,期待某個貴人能夠出現。但在英雄旅程中,真正進入混沌之地後,你會發現,這次沒有人能夠提供答案,或告訴你哪條路才是正確的,更無人能代替你走完這段路。

當周圍沒有可以依靠的人、發現別人的經驗或建議不再適用於自己的遭遇,也無人能真正理解你的掙扎,可能會心生懷疑:「我是否做錯了什麼?是不是我不夠好才會陷入這種境地?」但這樣的想法,恰恰是試煉的核心——這場考驗的目的,是讓你發現**真正的力量一直都在內心深處**,而不是來自外界的肯定與指引。

當你遭遇相似的掙扎,代表來到了必須靠自己突破難關的關鍵時刻。如果能選擇主動承擔起責任,你已經開始成為自己人生的主宰了。

## ❗ 接受變動,放棄對「安全感」的執著

「沒有變動才是不正常的!」其實早在古人眼中,這是長久以來的智慧。如同《易經》提醒了我們,真正的穩定,從來都不是靜止不動,而是靠著不斷調整、修正、更新所維持的動態平衡,正如水流動才能不腐,天地交感才能化生萬物,萬事萬物唯有在持續變動之中,才足以保有生命力。

> 這個世界唯一不變的,
> 就是它一直在變。

許多人在職涯上追求穩定,認為只要找到一份「鐵飯碗」工作,就能一勞永逸。然而,回顧過去十年,許多原本看似穩若磐石的職業,早已在時代的浪潮中被悄悄淘汰,像是電話客服人員因 AI 自動應答系統而被取代、實

體店員因電商與無人商店興起而面臨裁員；但與此同時，新的職業角色卻如雨後春筍般誕生，例如數位內容創作者、遠端協作顧問等。這些例子不斷提醒我們：人人都得學習適應變化，而非恐懼它。

與其死守過去所定義的安全感，不如今天就開始練習一種新的能力，**在變動中保持彈性，在不確定中創造選擇**。在世界劇烈轉動時，成為那個逆風中順勢而行甚至引領風潮的人。

## 擁抱不確定性，
## 把人生的變數轉化為成長的助力

面對生活中突如其來的變化，像是考試成績滑鐵盧、朋友的態度突然變冷淡、原本計畫好的活動臨時喊停⋯⋯而我們最常見的反應往往是焦慮、逃避、怨懟。但，如果能換個角度來思考：這些變化其實也是一種「紅利」，是只有在動盪之中才會悄悄釋放出來的「隱藏機會」。

所謂的「不確定性紅利」指的就是「當多數人選擇退縮觀望時，你卻敢於迎向未知、擁抱變數，那麼就有機會搶先一步看見別人還沒發現的路」。這不是心靈雞湯，而是一種能幫助我們「**從混亂中提煉價值**」的策略思維。

比方說，當班上突然換了位教學風格迥異的新老師，如

果此時你能主動記錄並轉譯新老師的教學邏輯，就能找到建立自我價值的舞臺，成為同儕間的學習翻譯官；若你在人際關係中遭遇衝突或被孤立，與其陷在自我否定之中，不如將這段孤獨轉化為探索期，試著和不同背景同學多交流，反而會驚訝地發現，世界比原本想像得還要寬廣。

不確定性的真正價值，在於它迫使我們去主動思考、應變，並創造替代方案，像是在面對未來志願的選擇時，與其反覆猜想哪個科系最安穩，不如練習用「小成本試錯法」來探索興趣；或是在 AI 快速發展的浪潮下，思考如何將 AI 能力與原本的專長結合，發展出「AI ＋ 我」的全新定位。這種靈活組合的能力，才是能幫助我們在未來生存下來的核心武器。

從今天開始練習一件事，每當生活出現讓你感到混亂、無法掌控的情境，不要急著問：「為什麼這麼倒楣？」而是反過來思考：「這件事讓我看見了什麼新的可能？該如何讓它成為優勢？」即使只是一場比賽臨時取消，也可能反倒讓你有時間籌劃一個有意義的讀書會，或完成一件一直想做的小任務。

**不確定性並不只是風險，它其實也是人生發出的暗號，**

引導我們走上一條不同但也許更適合的冒險之路。與其擔心未來的每一場風暴，不如訓練自己成為能從中提煉價值的風向偵測者。畢竟，當別人還在等待時機，你早已練就了適應未來的能力。

## 感到絕望與孤立時，這正是你蛻變的時刻

在人生中，我們也會因為承受巨大的壓力與考驗而感到筋疲力盡，這些時刻可能來自於職場的挫敗、家庭的壓力、學業的挑戰，以及內心的自我懷疑。我們會想要放棄，覺得自己無力繼續前行，但正如山姆所說，這些困境與難題並非毫無意義，因為世界上仍然有值得我們奮戰到底的事物。

英雄並不總是無懼的，他們也會迷惘、動搖，但真正讓他們成為英雄的，是選擇不被黑暗吞噬，找回內心的光。

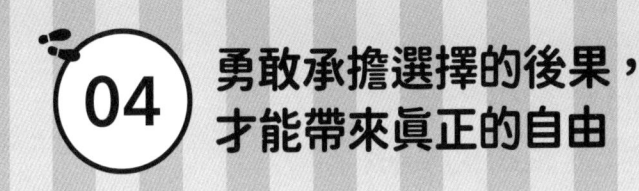

## 04 勇敢承擔選擇的後果，才能帶來真正的自由

在人生的旅途中，當你終於突破重重障礙，站在選擇的十字路口時，是否曾感到不安？渴望擁有無限的自由，卻在必須做出決定時猶豫不決、徬徨無措？在人生裡，自由是終極的獎賞——英雄歷經試煉，擺脫枷鎖，擁有對自身命運的掌控權。

而真正的自由來自於選擇的能力，並非只是為了擺脫束縛或逃避責任，而是有承擔後果的勇氣。

> **Point　自由的雙面刃：消極自由 vs. 積極自由**
>
> 心理學家埃里希・佛洛姆在《逃避自由》一書中，將自由分為消極自由（Negative Freedom）與積極自由（Positive Freedom），這兩者的區別，決定了一個人是能夠真正駕馭自己的命運，還是會在選擇的壓力下退縮。
>
> - 消極自由：擺脫束縛，從外在的權威、社會規範、傳統價值觀中解放自己，但缺乏明確的方向與選擇能力。
> - 積極自由：不僅擁有擺脫束縛的自由，還能夠主動選擇自己的人生，並對所做出的決定負責，擁有真正的獨立性與自主性。

## 為何人們寧願服從權威，也不願承擔自由的風險？

你有過這樣的經驗嗎？當被賦予了完全的選擇權時，反而感到焦慮？例如，學測結束後，要選擇申請大學的志願時，卻希望有人能幫你決定；在職場上，當你擁有轉換跑道的機會時，竟因為「現在離職，下一個工作會更好嗎？」陷入猶豫，而這正是佛洛姆所描述關於「逃避自由」的核心問題——自由不只是機會，更是一種責任，而責任帶來的壓力則讓許多人選擇退縮，寧願順從外界的安排，也不願承擔選擇的風險。佛洛姆認為的「逃避自由」包含以下三種：

### 服從權威：當我們決定交出選擇權

當你把人生選擇交給社會主流的「標準答案」或長輩眼中的「安全路線」時，那並不是一種理性的選擇，而是溫柔又隱蔽的自我否定。你或許會說「我只是順從現實」、「是因為尊重經驗」，但事實上，那很可能只是出於對自由的責任感到恐懼時，所採取的一種心理逃逸行為。

我們常常將選擇權轉交給外部權威，彷彿只要選了大家都說「好」的那條路，就不必為失敗承擔責任。於是，眾人紛紛選擇社會眼光中最穩定的體制（如：進入公職體系）、迎合家庭的期待（如：考上醫學系為家族爭光）、

服從文化的集體想像（如：幾歲該結婚生子）。但你是否想過，當我們總是在複製這些預設劇本時，究竟還剩下多少「自我」？

佛洛姆說：「逃避自由，就是選擇被支配。」問題並非取決於是否順從，而在於你真的相信那是最適合你的道路，或者只是害怕對自己的決定負責？當我們把選擇權交出去的那一刻，看似輕鬆，實則代價高昂，因為從此，你就不再是自己人生的創造者了。

### 順從社會期待：選擇「看起來最安全」的道路

當我們無法預測未來，從眾心理（herd mentality）就會悄悄啟動，它是一種面對未知時的心理防禦機制，讓我們選擇「看起來最安全的答案」。但跟著人群走，真的比較安全嗎？還是不過是把責任交給多數人，以換來短暫的安心感？在做出人生決策時，我們經常只是複製他人的軌跡，那麼，所謂的「自由選擇」，也許是偽裝過的順從和披著選項外衣的集體妥協罷了。

你可以跟著別人走，但不能不問自己：「我願意承擔這條路帶來的所有結果嗎？」因為人生這場冒險的選擇權，無論交給了誰，最後要承受的都是你自己。

> **Point** 為何人們經常會出現從眾行為？
>
> 從眾是一種社會、信念、態度跟隨群體規範的行為。人們從眾是為了集體感，因為這個集體感可以讓他們安心，這個現象特別容易出現在青少年群體之中，他們經常會害怕需要承擔由於不合群而導致的社會排斥（如同儕壓力）。當人接受一個社會角色或某種社會規範時，在某種程度上是為了迎合社會期望，而傾向採取和其他群體成員相同的行動並附和多數人的意見。

## 選擇太多，反而困住了你：當自由變成焦慮

現代社會的確為你打開了無數扇門，但也因此，讓人更難踏出第一步。選項變多，看似帶來更多自由，卻使得我們陷入選擇障礙之中。我們總以為，問題出在「不知道該選哪個最好」，但更深層的真相是「我們太害怕犯錯與後悔」。選A怕錯過B，選B又擔心A才能帶來美好的未來，這樣的**損失厭惡**（loss aversion）讓你反覆猶豫、遲遲不敢啟程。

但選擇從來不等於「完成」。你不會因為填錯一個志願就失去人生的其他可能性，也不會讀錯一個科系就永遠與理想生活無緣──其實，許多人的職涯與大學所學毫無關聯，卻活出了自己的獨特價值。關鍵不在於一開始選對，而在於是否願意在旅途中調整、在錯誤中學習。

> 真正的自由，
> 不是等待世界為你提供正確選項，
> 而是自己去創造答案。

　　人生本來充滿了不確定性，真正的自由不是「選了正確的路」，而是即使結果不如預期，你依然能對誠實以對，持續修正後繼續前行。在英雄旅程中，當主角面對關鍵抉擇時，並不總是擁有完美的答案，但他們願意踏出第一步，去學習、適應與成長，自己去定義人生的方向。

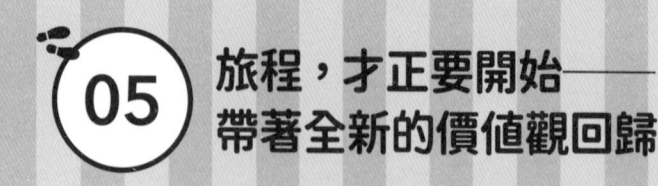

## 05 旅程,才正要開始——帶著全新的價值觀回歸

當你突破重重難關,終於抵達夢寐以求的目標時,或許會感到興奮、自豪,覺得一切努力終於獲得了回報,但這種興奮往往是短暫的。

你會發現,過去那些讓你全力以赴的挑戰,如今已經不再令人感到興奮,而你也不禁開始感到迷惘:「接下來,要做什麼?」

這種感覺,正是英雄旅程「**回歸階段**」的開始。在前述一再提過的「英雄之旅」理論中,英雄歷經試煉,成功抵達終點,卻發現自己已無法回到過去的狀態——因為他已經改變了。這時候的英雄,站在世界的門檻上,發現自己與舊世界產生了斷裂,因為當人們經歷過一場深刻的成長,再回到過去的環境時,早已無法用同樣的眼光去看待一切了。

這也是為什麼在英雄回歸後,往往會面臨一種「價值觀的斷層」:你的家人、朋友、同事或許仍在過著從前的生活,而你擁有了嶄新的視角,並重新審視著這一切,曾經讓你感到安心的事物,如今卻覺得陌生;過去的目標,現在似乎已無法讓你滿足;或開始感受到格格不入,對自己

產生懷疑：「難道這場旅程只是讓我變得更疏離，而不是更自由嗎？」

這種狀態，正是英雄回歸時的「跨越門檻的挑戰」（Crossing the Return Threshold），它不僅僅是物理上的回歸，更是指心理上的調適。因為英雄不只是回到原點，而是帶著新的經驗、價值觀與智慧，試圖重新適應原本的世界。問題在於，你改變了而世界依然如舊，又該如何讓這段旅程的意義延續下去？

此刻，你有兩種選擇，一個是試圖回到過去，讓自己適應舊世界，抹去這段旅程的影響；或者，學習如何帶著新的自己，重新定義「回歸」的意義。在這個階段中要做出選擇並不容易，甚至比冒險中的試煉還更加艱難，因為這是一場關於「**內在適應**」的挑戰：

● **你究竟該如何與這個世界重新對話？**

● **怎麼在成長後的自己與過去的環境之間，找到全新的平衡？**

這些都沒有標準答案，也不會再有智者來提醒或引導你。這正是英雄旅程的最後一課：回歸，不是回到過去，而是用你的成長去改變未來。

## 👣 重返新手村的大師：
## 　 當無知成為最高級的智慧

　　觀察那些真正的大師，會發現他們總帶著一種讓人意想不到的氣質：明明已經擁有無數耀人的成就，卻仍能像孩子一樣認真發問：「為什麼天空是藍的？」；班上考試成績最優秀的那位同學，學科實力可能已經超越講臺上的老師，卻仍然願意坐在第一排安靜沉穩地做筆記。

　　其實，這並不只是謙虛，而是一種深刻的智慧修煉，如同老子在《道德經》第48章說到：「為學日益，為道日損。」真正的成長不是不斷往外堆砌知識，而是能夠放下「我已知」的自負與框架，進入**我仍不知道**的開放狀態。因為唯有不斷放下，才能真正學會重新看見。

　　當你坦然承認「在這個領域我依然還像個孩子」，世界反而會以最豐盛的方式回應你。就像蘇格拉底所言：「我唯一知道的，就是我一無所知。」這種自覺的無知，才是最高等級的求知狀態。這種能力，不是退化，而是更高階的認知彈性，以下分享兩個讓心靈維持「上善若水」狀態的關鍵秘訣：

### 達克效應：避免一知半解

　　當我們以此理論來回顧過去的旅程，會發現：英雄能

夠回歸平凡世界，並非單靠手中的寶物，而是因為內在已歷經多重轉折。你曾登上「愚昧之峰」，在一知半解時誤以為全局盡在掌握之中，那是一種來自無知的過度自信；但隨著面對更多挑戰而跌入「絕望低谷」之後，開始感受到知識的邊界與現實世界的複雜；一路摸索、修正，再逐步走上「開悟之坡」，建立一套看待世界與認識自己的方法，並且有意識地去實踐心中的理想，因此，你的信心也會漸漸穩固。

最後抵達「平穩高原」時，你便不再被外在評價所綁架，反而能辨識自己的盲點，也懂得何時慢下來、反省、再前行。此時的你，已不會過度炫耀知識，能在謙遜中擁有深層的自信，這種自信是來自於過去的累積，不是一時的表現，這就是進入「大師階段」的特徵。

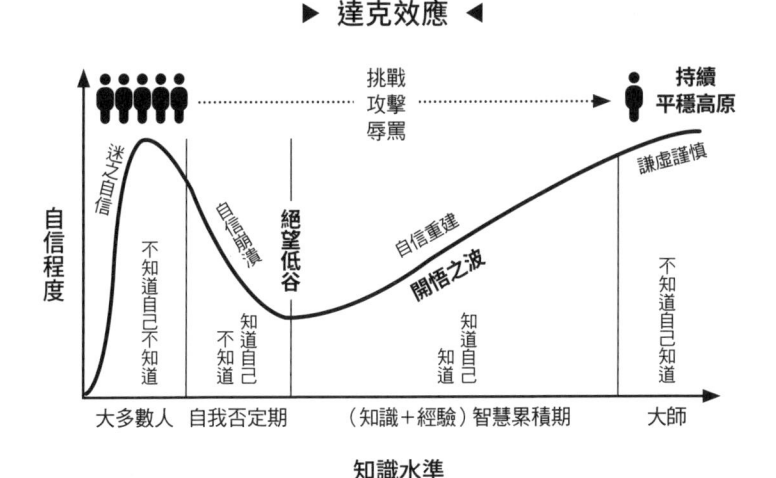

▶ 達克效應 ◀

|  |  |
|---|---|
| 大多數人 | 不知道自己不知道（迷之自信） |
| 自我否定期 | 知道自己不知道（自信崩潰、絕望低谷） |
| （知識＋經驗）智慧累積期 | 知道自己知道（自信重建、開悟之坡） |
| 大師 | 不知道自己知道（謙虛謹慎、持續平穩高原） |

縱軸：自信程度　橫軸：知識水準

挑戰、攻擊、辱罵

**空杯心態：把滿溢的知識，倒掉一點**

許多人以為學習是越裝越多、越記越滿，但真正的高手都知道，學習的關鍵不是獲取，而是「留白」。你必須像一只空杯，才能接住新的水流；如果已經裝滿了舊的、熟悉的、習慣的知識，那些嶄新又不確定的養分，其實是進不來的。

懷著「空杯心態」，不是要你否定自己過去的努力與累積，而是對現實抱持尊重：因為這個世界永遠比我們所知的還要廣袤，而你願意承認「我還有不懂的地方」，就是與未知重新接軌的開始。

因此，必須允許自己有些地方還站得不夠穩、有些能力還未成熟、有些理解還在醞釀；因為真正的學習，往往不來自教科書，而那些讓你覺得「好像不太懂，卻想進一步理解」的東西。當人越願意承認自己的空缺，世界就越願意填補你。

## 👣 寫下新劇本的你：
## 從旅人變成世界的設計者

過去，我們像一位旅人一樣，在別人設計好的世界中闖關升級，努力扮演「學生」、「子女」、「考生」、「優等生」等角色。遵循著既定的規則，追求別人定義的成

功，甚至連「迷惘」都被預設為是成長過程的必經之路，因為大人總會告訴你：「年輕就是該探索，該跌倒，該找到自己的方向。」但你有沒有想過，迷惘本身，可能也是一個被安排好的劇情？

而現在，你已經經歷了重重關卡，得以從更高的格局看待過往的這一切，不再只是冒險者，而是升級為自己的劇本創造者了，你開始意識到，這個世界的規則、關卡、獎勵系統，並非固定不變，是可以被重新改寫的。而且，這並不是由於自大，反而展現出了成熟的責任感，因為當你已經走過徬徨與成長的階段，就相當於擁有重構世界的能力與義務。

在舊劇本裡，你是被他人與社會所定義的，你是「某某某的兒子」、「某明星學校的學生」、「某某的兄弟姊妹」。你的價值，常常取決於別人怎麼看待你。但在新劇本裡，你才是真正定義自己的人。比方說：

- 選擇「不當一個傳統意義上的好員工」，而是打造自己的事業模式。

- 選擇「不當社會期待中的穩定大人」，而是成為一個永遠在探索的創作者。

- 選擇「不讓關係定義你」，而是先成為自己，再決定要不要扮演別人的伴侶、父母、子女。

暫時拋開他人或主流的觀點，轉而專注在內在的渴望與信念上，並且進一步探尋與確立自己所重視的人生價值，這不是自私，而是對自我誠實。

過去的思維會告訴你：「世界就是這樣，只能想辦法適應它。」但從現在起，我們可以轉換成一個全新的思維：「世界是由無數人共同編寫的 RPG 遊戲系統，而你可以成為其中一個程式改寫者。」

如果不喜歡「競爭至上的職場文化」，可以在未來創造更重視合作團隊的工作模式；若不認同「一定要拚命賺錢才能幸福」，可以實驗看看低物慾但擁有高度自由的生活；如果受夠了「非黑即白的社會標籤」，反而可嘗試活出一種全新的可能性，讓別人看到「原來人生不是只有單一選擇」。

因為，你不是來適應世界的，是來擴展世界的。

## 👣 如何準備好進入「下一場冒險」？

最後，我們可以試著重新定義未來的道路——你的終點，應該是「成長」，而不是「達成某個目標」，許多人會以為當他們達成某個目標時，人生就會變得更輕鬆又完美。但這種思維往往會讓人在達成後感到迷失，因為他們把終點當成一切，而忽略了更重要的一件事——**真正的價**

**值，不在於你完成了什麼，而在於成為了什麼樣的人。**

真正的英雄會知道，每一個里程碑，都只是旅途中的其中一站，它的真正價值在於讓你蛻變，成為一個擁有更多能力、視野更廣闊的人，而這也將為你的未來開啟更多可能性。

當你在某個領域達到巔峰、獲得眾人的尊敬，或者已經習慣了「勝利者」的身分，是否還願意放下所有光環，重新回到學習者的姿態？許多高手在達到某種境界後，會害怕再次從零開始，因為他們已經習慣「贏」的感覺，此時，若能刻意進入不熟悉的環境，讓自己保持謙卑的心態，或著在一個全新的領域中，請教比你年輕或經驗較少的人，看看是否能夠真正放下身段學習。就可以始終保持學習者的心態，不讓過去的成就限制住自己。

# 結語

當你翻閱到這本書的最後一頁，或許會問自己：「我真的準備好踏上這場旅程了嗎？」

你已經走過了探索與懷疑的階段，理解如何突破內在的恐懼與外在的束縛，學會了在不確定性中尋找方向，更明白成長並非抵達某個終點，而是一場無止境的進化。然而，這並不是英雄旅程的結束，而是正式啟程的序幕。

這本書的每個章節，都是為了讓你理解如何塑造自己的英雄旅程，但英雄之所以成為英雄，不在於讀過多少書，而是因為他們願意踏出第一步。你可能仍然有疑慮、害怕犯錯，但請記住：沒有任何一場冒險是在「完全準備好」的情況下開始的。

那些你欽佩的人，曾經和你一樣迷茫；看似堅定的人，也懷疑過自己的選擇。但他們與眾不同的地方，是即使害怕、不知道未來將如何發展，仍選擇向前走。

這趟旅程，不會是一條筆直且平坦的道路，沿途將充滿挑戰，也會有不得不做出抉擇的分岔口；但現在的你，已經擁有了屬於自己的地圖，知道該如何在迷霧中前行、在

未知中尋找方向,並且讓自己成為故事的主角,而不是旁觀者。

書中的每一道關卡,都是我們認識自己、理解世界,以及學會如何應對各種挑戰的歷練,提升心理素質、抗壓能力與適應力的方法,當你掌握了這些之後,在面對今後的困難時,就不會再度一蹶不振了。而在人生這場冒險中,你將與各種不同的人互動,學會如何在這個世界中建立關係,在融入新圈子的同時,也誠實面對內心。別忘了提醒自己:「保持真實的自我,才是你最重要的武器。」

「每個挑戰,都是一次成長的契機」。不須在意能不能贏在起跑點,因為每個人的終點都不盡相同,真正的英雄從不會停止學習、不害怕挑戰、不滿足於現狀,而是讓每一場旅程都成為通往更偉大冒險的跳板。那麼現在的你,願意踏出第一步嗎?真正的冒險,才剛剛開始。

## 附錄　勇者的冒險紀錄，如何撰寫學習歷程檔案？

我們在人生旅途中，都在撰寫一部屬於自己的英雄故事，而學習歷程檔案，正是你這部故事最完整而真實的紀錄。這些內容不只是學測或大學申請時的入場券，更是在英雄旅程中成長的證明。學習歷程檔案除了是升學工具，更像是一張清晰的地圖，可以引領你探索內在特質，發掘個人興趣與專長，並進一步規劃未來的人生方向。

而一份完整的學習歷程檔案，主要由兩大核心內容所組成──**課程學習成果**與**多元表現**。這兩個部分忠實記錄著你如何逐步自我探索、精進能力，最終成長為獨一無二的自己。

## 課程學習成果：你的核心歷練

課程學習成果，代表著你在每一堂課中真實付出的努力與取得的收穫，例如：

- 在國文、英文課程中所建構的閱讀理解與思考表達的能力。

- 在數學、物理、化學課中展現的邏輯推理與問題解決能力。
- 在自然探究與實作的科學實驗中,所養成的探究精神與團隊合作素養。
- 在社會探究與實作課程中,所培養出的批判思考與深度理解力。
- 在跨領域多元選修專題製作中呈現的創新思維與整合技能。

這些不僅僅是學科表現的成果,更是個人學習特質的具體展現,清晰傳達你如何面對挑戰、解決問題,以及不斷探索新知的精神。

## 多元表現:展現你的個人特色與潛能

多元表現則是課程之外,你自我發展與探索的重要領域,包含:

- 社團活動與領導經驗。
- 志工服務與公共參與。
- 競賽經歷與成果。
- 創作與藝術展演。
- 個人專題研究或自我探索計畫。

這些活動與經驗，能讓教授或未來的評審委員更完整地看到你在學業以外的軟實力，明白你如何與世界互動、如何關懷他人，以及你個人的性格特質與價值觀。

> **Point　開始撰寫前的小提醒**
>
> 每個階段的旅程都有既定的節奏與規則，製作學習歷程檔案也不例外。從高一開始，所有學習成果、比賽紀錄、社團活動或專題研究，都可納入你的學習歷程檔案內。其中，請務必留意規定的提交時間，若錯過了，可能會使你珍貴的經歷難以成為檔案內容。
>
> 此外，大學在招生時，真正想看見的並非只是冷冰冰的成績或證書，而是一個鮮活且充滿潛力、值得信賴並能持續成長的人。因此，請別把學習歷程檔案當作一份單純的升學文件，更要將它視為一段你獨一無二的成長故事。

## 你的三年計畫

高中三年，不是臨時抱佛腳的短跑衝刺，而是一場需要持續累積與深度探索的旅程。你所建立的學習歷程檔案，就是這段成長軌跡與潛力的最佳紀錄。

或許你會擔心：「萬一我學測成績不如預期，該怎麼辦？」「我還沒確定未來要透過繁星推薦、個人申請，還是考試分發進入大學，又該怎麼準備檔案？」別擔心，我

建議採用「模組化素材累積 × 彈性調整策略」，先做好準備，再依照需求進行精確調整。

```
        模組化
        準備
   彈性
   重組
     故事導向與
     成長敘事
```

⬇

靈活調整與精緻化你的檔案，讓它有溫度、有價值，
並真實地呈現你的內在成長

▶ 高一階段｜建立素材庫，記錄你的探索足跡 ◀

| 每次經歷都是成長的養分 | 無論是參加競賽、完成專題報告、社團活動、或是課堂中的精彩表現，這些經歷都是展示自己未來實力的重要素材。 |
|---|---|
| 多元形式呈現你的經驗 | 照片、影片、記錄表格、訪談音檔，透過不同形式，將你的經歷鮮活地呈現出來。 |
| 關鍵提醒 | 此階段不必急著決定未來方向，重要的是把每一次探索與學習忠實地記錄下來，累積充足的材料，讓未來有足夠的空間進行選擇與調整。 |

▶ **高二階段｜篩選核心素材，建立個人主軸** ◀

| | |
|---|---|
| 確認你的個人特色與定位 | 從素材庫裡找出最能代表自己的特色與專長，逐步形成你的個人品牌與主軸。 |
| 深入反思，展現成長軌跡 | 你做過什麼固然重要，但更關鍵的是：「你從這些經驗裡獲得了什麼？為什麼當時做了這樣的選擇？未來想如何進一步延伸？」這才是教授們真正感興趣的部分。 |

▶ **高三上階段｜專注學測，為你的未來奠定基礎** ◀

| | |
|---|---|
| 將時間集中在學業上 | 全力以赴準備學測，好爭取理想的成績。同時，也將高一、高二所積累的素材妥善保存，考試結束後，這些將成為你重新整理、調整方向的重要資源。 |

▶ **高三下階段｜調整策略，精準完成學習歷程檔案** ◀

| | |
|---|---|
| 需要調整志向與入學策略 | 學測成績出爐後，你可能會從原本設定的繁星推薦改為個人申請，甚至需要考慮考試分發或特殊選才。 |
| 仔細分析目標校系的需求 | 利用高一高二已蒐集的模組化素材，根據新的申請目標進行重新整合與調整，確保每一份資料都能精準地反映你當前的需求與特色。並且依目標校系需求重新組合素材，建立具有針對性的作品集。 |
| 提前建立具備彈性的素材庫 | 高三下學期可能會面臨諸多的現實挑戰，如：二階面試撞期、個人申請選填志願與落點預測困難增加、特殊選才的準備時間緊湊等等。在各種不確定因素中，唯有提前準備各式素材，才能快速調整策略。 |

## 學習歷程檔案的反思內容

撰寫學習歷程的反思內容，絕不只是寫一篇日記或是流水帳，而是有意識地從每段經歷中，提煉出最能呈現你成長歷程、個人特質及未來潛力的精華。要傳達的不僅是「你做了什麼」，更是「你為什麼做、如何面對困境與挑戰、從中得到哪些成長，以及這段經歷將如何影響未來的方向」。

反思寫作不是單向的回顧，而是一次內在深度盤點與外在意義延伸的過程。透過以下四個核心步驟，能引導你鋪陳個人的成長敘事，呈現出有靈魂且有價值的故事：

| 原則 | 思路 | 提問思考起點 |
| --- | --- | --- |
| 起點：<br>背景與動機 | 你為什麼參與這個活動？當初的初衷是什麼？ | 「我起初對這個活動的認識是⋯⋯」<br>「我選擇它是因為⋯⋯」 |
| 過程：<br>行動與突破 | 你經歷了哪些至關重要的行動？遭遇到什麼挑戰，又如何解決？ | 「在這段過程中我曾經遇到⋯⋯」<br>「我如何嘗試解決⋯⋯」 |
| 成果：<br>內在的成長 | 除了活動結果之外，你有什麼內在收穫與能力上的顯著成長？ | 「這段經歷培養了⋯⋯」<br>「我發現自己其實很擅長⋯⋯」 |
| 展望：<br>未來的延伸 | 這段經歷如何影響你的未來？希望接下來如何深化或拓展？ | 「我希望未來能⋯⋯」<br>「這段經驗讓我想更深入探索⋯⋯」 |

▶ **常見的學習歷程反思誤區與修正建議** ◀

| 常見錯誤 | 建議修正方式 |
| --- | --- |
| 全篇沒有主題焦點 | 重新設定主軸,讓所有段落都指向同一個價值或特質。 |
| 把流水帳當反思 | 聚焦「挑戰→行動→成長」並點出具體能力/價值的變化。 |
| 太強調結果、沒說過程 | 加入你克服困難的細節及當時的內在情緒,透過展現過程更真實呈現你的能力與韌性。 |
| 所有反思都寫「學到了很多」 | 具體轉化成:「這段經歷讓我理解到自己在哪方面的特質或限制」等更清晰的敘述方式。 |

# 檔案上傳與 AI 協作建議

　　完成學習歷程檔案只是第一步,如何上傳並有效地呈現,才能真正讓你的個人成長與潛力被清楚看見。以下提供幾個必須掌握的重點,幫助你成功完成上傳實務並善用 AI 來協作。

### 檔案格式與容量限制

| 資料項目 | 可接受的格式類型 | 檔案上限 |
| --- | --- | --- |
| 課程成果、多元表現 | pdf、jpg、png(影音:mp3、mp4),可附 100 字內的文字簡述說明。 | 文字每份上限 4MB;影音每份上限 10MB。 |

**檔案上傳數量與勾選規則**

| 分類 | 每學年可上傳數量 | 大學申請勾選上限 |
|---|---|---|
| 課程成果 | 最多上傳 6 件。 | 勾選最多 3 件。 |
| 多元表現 | 最多上傳 10 件。 | 勾選最多 10 件。 |

**建議做法：** 每學期至少準備1至2份具有代表性的成果（包含社團或專題），並於學期末整理與備份，避免高三時倉促挑選。

**時間與頻率**

學習歷程檔案的上傳時程依各校公告為準，通常介於每學期期末到學年結束之間。雖然可分次上傳，但一旦完成勾選提交，將無法再修改或覆蓋，因此，請務必提前與學校導師確認時程。

**簡述內容的撰寫策略**

每份學習歷程檔案上傳後，都須附上100字以內的簡述說明，而這段文字通常是教授或評審委員快速掌握你成果重點的關鍵。

| 撰寫建議 | ● 避免空泛敘述，如：「這是一個很有意義的活動。」<br>● 精準說明你的角色與成長，如：「在此活動中我負責策劃與執行，首次學習跨團隊協調與時間管理。」 |
|---|---|
| 推薦的簡述寫作架構 | 「我做了什麼」+「我從中學到什麼」+「我為什麼選擇呈現這份成果」。 |

## 如何與大學申請對接？

大學教授與招生委員會會參考高中端學習歷程平臺的上傳紀錄，來進行申請審查。因此，我建議你在申請前，先至「高中學習歷程資料查詢系統」確認資料的完整性與正確性。

多元表現可對應至大學指定採計的特殊表現項目（如自主學習、競賽成果、社團活動、志工服務等），並根據申請科系需求調整內容選擇與順序。

## 與 AI 協作，寫出更真實的自己

AI 並非敵人，而是你的寫作助理。我們可以運用它來整理想法、精煉文字、激發靈感，但務必保留最終的「主導權」。使用 AI 的關鍵不是「用與不用」，而是這份作品中，哪些想法與細節真正來自你？哪一句話只有你能寫？

以下分享一個實際有效的寫作策略：「AI 生成＋自我再創作」。可以先透過 AI 列出一段敘述或結構草稿（如：請

AI 協助撰寫一個有挑戰與反思的段落），再確認重要細節（包含：這些事情是否真實發生在我身上？哪些話是我真正會說或寫的？哪些細節是專屬於我個人獨特的經驗與體會？）

透過這樣的做法，可以確保你的學習歷程同時兼具「流暢的語言」與「真實的個性」。

| 使用階段 | 建議操作 | 原創性確保方式 |
| --- | --- | --- |
| 構思階段 | 用 ChatGPT 列出反思問題清單、不同表現角度。 | 自己選擇對你有感的角度，並補上個人經歷。 |
| 結構設計階段 | 請 AI 幫忙整理段落邏輯順序、架構起手句。 | 自己完成段落間的連接語與轉折句，確保真實感。 |
| 修辭潤飾階段 | 請 AI 幫你優化語句或改寫某段話的語氣。 | 自行確認這些修改是否依然符合你的個人風格，避免語言過於平整單調或失去個性。 |
| 不建議使用的情境 | 請 AI 代寫整段經歷或情感反思，未經修改直接貼上。 | 這樣會讓內容缺乏「感受與選擇」，無法看見真實的你。 |

## 該如何撰寫的實際範例

許多人都有非常豐富的經驗，卻因為反思不夠深入、敘述方式過於平淡，使精彩的經驗淪為流水帳；也有同學寫得太過抽象空泛，教授們很難從中具體理解你的能力與特

質。別擔心！你並非不會寫作，只是還未掌握講述故事的技巧與方法而已。

接下來，我將透過錯誤與優秀範例的對照，清楚地告訴你：為什麼某些敘述缺乏說服力？什麼樣的段落能夠真正打動教授？如何從自身經驗出發，打造出具有邏輯、有情感且深入人心的個人故事？

▶ 校園實例｜從數學挫折到邏輯思維的養成 ◀

✘ **錯誤的寫作方式**（平鋪直述，缺乏深度）

我以前數學很差，每次考試成績都不理想，覺得數學很難。後來我決定每天做五道進階題，慢慢練習，高二參加了一場數學競賽，雖然沒得獎，但學到了很多。我把這些經歷整理進學習歷程檔案，希望未來能學好數學。

✔ **亮眼的寫作方式**（強調特質、反思、未來展望）

數學曾經是我的痛點，每次考試都是一次沉重的打擊。直到有一天，我發現真正的問題並非題目的難度，而是自己缺乏清晰的邏輯思維。

為改善這點，我設定每天固定挑戰五道難題，從機械式解題轉為深入理解題型背後的結構與規律。高二時我參與了一場數學競賽，雖未獲獎，卻讓我體驗到如何在高壓下迅速思考與應變，並學會了問題拆解的技巧。

現在我清楚地認識到,數學不僅是考試的工具,更是一種高效的邏輯訓練。這段經驗也啟發我未來可能往數學建模或資料分析方向發展,並期望能將邏輯分析的能力延伸至更廣的領域中。

> 🚩 **具體寫作架構建議**
> ① 說明初始困境→ ② 描述具體行動→ ③ 呈現內在成長→ ④ 展望未來延伸。

## 👣 如何有效累積素材?

在英雄的成長旅程中,關鍵時刻的成功是取決於平時的扎實準備與系統化的素材管理能力,學習歷程檔案的準備也是如此,更重要的是建立一套高效率的素材蒐集與管理系統。以下分享三個方法,協助你將日常學習轉化成有意義、有深度的故事素材。

### 課堂筆記與思維提煉:建立知識管理系統

學習素材的價值,不僅在於「記錄」課堂內容,更在於透過有結構、有深度的筆記方法,進行知識內化與創造性思考。

▶ 三層次筆記法 ◀

| 第一層 | 核心概念紀錄（藍筆）

清楚紀錄課堂上老師強調的重點與基本概念。

| 第二層 | 個人理解與詮釋（紅筆）

寫下老師補充的延伸解釋與自己的理解嘗試。

| 第三層 | 思考延伸與個人反思（鉛筆或黑筆）

記錄個人聯想到的實例、疑問、跨領域的連結與未來可能應用的方向。

此外，每週結束時，建議大家用三個問題反思自己這週的學習成果，包含：我這週最大的收穫是什麼？我在哪些地方突破了盲點？這些概念如何應用在未來的專題、競賽或日常生活中？

## 影像與數位紀錄：讓學習歷程活起來

課堂與活動結束後，建議大家立即以照片或掃描的方式保存重要素材，這能使學習歷程檔案更加真實且有說服力，比方說：

◉ 拍攝課堂上進行的討論、白板上的解題過程、實驗設計與步驟。

- 掃描優秀的作業、學習單、實驗報告或專題簡報。
- 記錄競賽、社團、志工活動的過程照片，並加註簡要描述文字。

這些素材都是未來進行檔案撰寫時的重要證據，也能幫助你回顧過程時更有細節與深度。

**數位管理術：建立雲端資料庫**

當素材逐漸累積，你需要一套清楚的數位管理系統，避免日後整理時手忙腳亂。建議使用 Google 雲端硬碟、OneDrive 或 Notion 等平臺，進行系統性的分類管理。檔案命名建議清楚標示日期、主題、活動目的，方便日後快速搜尋與重組使用。

▶ 主資料夾｜學習歷程檔案 ◀

📁 學年 - 課程成果（如：114-1 數學、國文、生物）
　　📁 單元筆記／學習單／專題報告／簡報

📁 學年 - 多元表現（社團、競賽、志工、實習）
　　📁 活動紀錄／照片／反思心得

📁 教師回饋與成績單

📁 備審資料草稿（如：自傳、學習計畫）

## 怎麼選擇適合的專題或競賽？

不論參與任何競賽、專題、社團或志工活動,每一段經驗都能成為你英雄旅程中的寶貴資產。重要的是,透過清楚的反思與系統的記錄,將這些經驗轉化為未來前進的動力。這才是學習歷程檔案真正的意義——並非單純回顧過去,而是開拓未來。下表則是幫助你從興趣著手,整理了高中生可以參與的專題或競賽。

| 你有興趣<br>或好奇的領域 | 可參與之專題或比賽 |
| --- | --- |
| 生物與醫學 | 校內科學展覽、生物奧林匹亞競賽、生醫創新研究計畫、生科專題製作發表。 |
| 文學寫作 | 校園文學獎、時事評論比賽、高中生讀書心得比賽、聯合盃作文大賽、青春寫作計畫。 |
| 數學分析 | AMC 數學競賽、APX 檢定、TRML 競賽、經濟奧林匹亞競賽、臺灣高中生統計挑戰賽。 |
| 擅長語言與<br>論辯思考（含英文）| 模擬聯合國競賽、西賽羅英文辯論賽、全國高中英語簡報比賽、TEDxYouth 英語演講、哲學思辨競賽。 |
| 喜歡思考與<br>解決問題 | 智慧鐵人創意競賽、跨學科小論文比賽、鍾靈化學創意競賽、AI 創意實作挑戰、科技實作競賽。 |
| 藝術與創作 | 全國學生美術比賽、攝影創作競賽、數位設計創作挑戰賽、插畫設計比賽、音樂性社團成果發表或創作展演。 |
| 熱愛運動<br>並具團隊精神 | 各項校內外運動會、體育競技賽事（如全中運）、運動專長備審展現、裁判／教練培訓證照。 |

### ▶ 學習歷程範例及結構分析 ◀

我一直對數學裡那種「看似無解、卻能一步步拆解出答案」的過程感到著迷。某天在社團活動中聽學長提到 AMC 數學競賽，當下就覺得這可能是一次能夠真正挑戰自己思維極限的機會。

我開始主動尋找歷屆試題練習，發現 AMC 的題型與學校平常考試很不一樣——它不是考你算得快，而是看你邏輯夠不夠靈活。我還加入了學校的數學研究社，每週與同好練習推理題，並利用 Chat-GPT 整理題型分類與常見誤區，幫助自己建立解題模式。

準備過程中最讓我卡關的是時間管理。某些題目我雖然會，但總是花太久思考；而真正上場比賽時，有一題函數轉換我一度慌張空白，後來告訴自己：「就當作是平常社團練習的一道題，照順序解題就對了。」才勉強穩住心情繼續下去。

雖然最後的成績沒有特別亮眼，但我學會了更有策略地拆解問題，也意識到自己在時間壓力下還能保持邏輯清晰。這讓我對數學的熱情不再只是「會算」，而是「會思考」。這次經驗讓我開始思考未來是否能進一步學習統計建模或資料分析相關領域。我也想繼續挑戰不同邏輯題目，不僅是為了比賽，而是為了讓自己在思考力上更進化。

🚩 **結構與優點**

- 開宗明義 × 動機清晰：動機真實自然，從個人興趣出發，展現主動性與探索慾望。

- **動過程具體詳實**：具體行動明確，強調自主學習策略與工具應用能力，不避諱困難與情緒，誠實描述挑戰，展現自我調節能力與心理韌性。
- **收穫與展望**：反思具深度，能力轉化明確，從技術面進階到認知與心態層次，再加上未來方向具體且合理，與現階段經驗自然銜接，有助於升學動機書或學習計畫撰寫引用。

## 社團、志工與個人專案：展現獨特的個人特質

除了課業與競賽外，社團、志工服務或個人專案也是展現你特質與價值觀的重要素材。以下分享一個實用的五步驟寫作架構，幫助你清晰呈現相關經驗：

| 階段 | 內容指引 | 提問思考起點 |
| --- | --- | --- |
| 參與動機 | 說明你選擇參與這項活動的原因與興趣所在。 | 「這項活動吸引我，是因為……」<br>「我希望能透過這次經驗更理解……」 |
| 具體角色與任務 | 描述你在活動中具體負責的工作與角色。 | 「在團隊中，我主要負責的工作是……」<br>「我主動提出……並實際負責執行……」 |

| 階段 | 內容指引 | 提問思考起點 |
| --- | --- | --- |
| 人的互動 × 團隊經驗 | 清楚表達你如何與團隊成員互動、溝通或協作。 | 「與組員溝通時，我有發現……」「我學會調整自己的語氣與立場來達成共識……」 |
| 挑戰與解決 | 我面對什麼挑戰與難題？我是如何思考、試著解決的？結果如何？ | 「原本的規劃無法順利執行，於是我……」「我嘗試了……但過程中發現……最後改用……」 |
| 當下的感受與收穫 | 在這個歷程中我得到了什麼？是否有所突破、理解、轉化？ | 「那一刻，我第一次意識到……」「這段經歷讓我改變了對……的理解。」 |
| 事後的反思與延伸 | 回頭看，我從中看見什麼？它對我的價值觀、選擇、未來方向有何啟發？ | 「這次的經驗讓我更加相信……」「我希望未來能進一步探索……」「我重新定義了……對我的意義。」 |

## ✦ 主題設計──建構屬於你的英雄敘事

　　每一段英雄旅程，都有著明確的主題與發展脈絡。無論是文學經典《哈利波特》的成長蛻變，或電影《蜘蛛人》中彼得・帕克對責任的體悟，這些故事之所以深刻動人，關鍵在於有著貫穿始終的主題與一致的主角性格。

　　學習歷程檔案也應該如此──它不只是零散的學科報告與成績單，而是一個有主軸、有連貫性、能清晰呈現獨特

個性的英雄故事。透過精心規劃的主題，讓每一次的學習經驗，都成為塑造你個人品牌與未來發展的重要環節。要找到自己的學習歷程主題，可從以下問題著手：

- 在哪些活動中，你的表現最自在且真實？
- 朋友或師長常以什麼樣的特質來形容你？冷靜、負責、有創意、具領導力？
- 你希望教授或評審看完你的檔案後，對你留下什麼印象？

接著，從這些問題出發，設定鮮明而穩定的主軸，建立一個清晰而深刻的人設。檔案中常見的主題與人格特質範例如下表：

| 能力展現類型 | 代表特質 | 可發展的人設方向 |
| --- | --- | --- |
| 數理分析型 | 冷靜、系統、條理。 | 問題拆解者、資料解構者、邏輯建築師。 |
| 人文思辨型 | 敏銳、共感、批判性思考。 | 社會觀察者、故事敘事者、觀點挑戰者。 |
| 實作工程型 | 務實、動手能力、效率。 | 系統優化者、任務達成者、技術創新者。 |
| 組織領導型 | 溝通力、領導力、統合能力。 | 團隊整合者、進度規劃者、資源連結者。 |
| 跨域整合型 | 創意、彈性、跨界思考。 | 跨界詮釋者、整合設計者、知識策展人。 |

▶ **實例1** ｜科學探索者的主題設定與學習歷程規劃 ◀

小哲從小便對機械運作充滿好奇。高中時，他的學習主題聚焦於「從理論到實踐的科學探索」。在物理與電子學課程中，他選擇進行以智慧裝置設計為核心的專題研究，從拆解舊收音機開始，到最終成功設計出簡易的智慧控制裝置，整個過程完整記錄在學習歷程中。這份資料不僅展現出技術能力，也彰顯了他的創造力與實踐精神，成功突顯小哲對科技工程領域的熱情與潛力。

▶ **實例2** ｜心理學研究者的學習歷程主題規劃 ◀

小恩的主題設定為「情緒與學習的交互影響」。她的學習歷程包括：

- 明確的動機描述：「對心理學感興趣，是因為我希望理解情緒如何影響我們的學習與表現。」

- 在生物課中進行一份「壓力如何影響記憶與學習效率」的專題報告。

- 在公民課裡設計一個模擬心理測驗，觀察同學在不同情緒狀態下的學習反應。

- 定期觀看專業心理師的影片，撰寫心得，並整理至個人學習歷程檔案中。

透過這些一致且深入的探究，小恩的檔案明確凸顯她適合心理學相關科系的潛質與動機。

## 如何運用「英雄之旅」架構提升你的敘述？

我們可以試著將學習歷程視為一段英雄成長之旅,並遵循以下四個核心步驟:

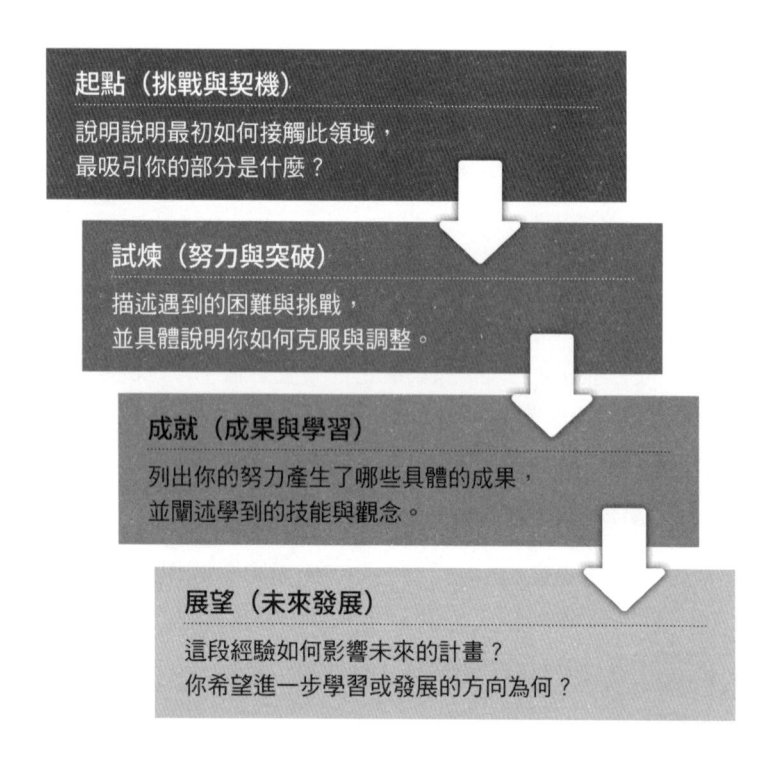

**起點(挑戰與契機)**
說明說明最初如何接觸此領域,
最吸引你的部分是什麼?

⬇

**試煉(努力與突破)**
描述遇到的困難與挑戰,
並具體說明你如何克服與調整。

⬇

**成就(成果與學習)**
列出你的努力產生了哪些具體的成果,
並闡述學到的技能與觀念。

⬇

**展望(未來發展)**
這段經驗如何影響未來的計畫?
你希望進一步學習或發展的方向為何?

透過這樣的敘事架構,讓學習歷程更具說服力與故事性,讓評審在短時間內就能深刻感受到你的成長與潛力。

## ❗ 最後的自我審查與修改建議

在提交之前,試著以教授的視角重新審視你的檔案,包含以下幾個重點:**核心特質是否明確?**(檔案內容能否快速讓人掌握你的核心特質與價值?)**經歷敘述是否有深度?**(每段敘述是否有明確的挑戰、行動與成長過程?是否避免空泛的表述?)**內容與未來方向是否一致?**(每段經歷是否與你未來申請的科系或領域有直接或間接的關聯性?)

而當你的檔案送到教授桌上,他可能只會花短短幾10秒掃過眼前的資料,因為一天可能要看上百份——而你的檔案,必須在第一眼就能「說話」,讓人看出個人的價值、特色,以及未來的潛力。一份真正優秀的學習歷程檔案,不是資訊塞得越滿越好,而是精準地告訴教授三件事:你是誰?該怎麼學習?未來適合這個科系嗎?

▶ **教授視角的三大核心問題 ✕ 自我對照檢查表** ◀

| 教授在想什麼? | 你該自問什麼? | 檢查重點 |
| --- | --- | --- |
| 這個人是誰? | 我的檔案是否能讓教授在 1 分鐘內看出我具備什麼核心特質與價值? | 主軸清楚/特色穩定/標題有記憶點。 |
| 他經歷了什麼? | 我寫的每一段經歷,是否能展現出「挑戰 → 行動 → 成長」的歷程? | 故事結構完整/事件關鍵交代/反思而不流於表面。 |

| 教授在想什麼？ | 你該自問什麼？ | 檢查重點 |
| --- | --- | --- |
| 為什麼這段經歷重要？ | 每段內容是否都與我申請的學群／專業興趣有關聯？ | 不只是「參加了什麼」，而是「這段經歷如何強化我申請的理由」 |

> **Point** 不扣分的魔鬼細節
> 
> - 格式與閱讀動線清楚（多善用標題、分段、粗體、圖像搭配，排版應乾淨清楚）。
> - 避免充斥空泛形容詞與公式句（不過多使用「我很有熱情」、「我學到了很多」、「這是一段難忘的經歷」等無法驗證的空話）。
> - 消除過度依賴 AI 生成的痕跡（留意語氣會不會過於平整、內容不符合自己風格？或直接照搬外部素材而未轉化成個人觀點）。
> - 充分展現「選擇與捨棄」的能力（捨棄不重要經歷、避免零碎堆疊，並聚焦在能建立人設的關鍵敘事）。

## 打磨英雄之書，迎戰未來的每一道試煉

整理學習歷程檔案的旅程或許充滿挑戰，卻也同時豐富了你的視野與能力，讓人能夠更清晰地認識自己，勇敢地面對未來。

> 今後的每一步，
> 都將從腳下的積累開始。

真正的英雄之旅沒有終點，只有不斷更新的起點。願你繼續帶著勇氣與智慧，書寫專屬於自己獨一無二又精彩的篇章。

# 你的人生就是一趟英雄旅程
## 第一本專為數位世代打造的攻防生存指南

作　　者｜曾冠喆 Wink Tseng

責任編輯｜李雅蓁 Maki Lee
責任行銷｜曾俞儒 Angela Tseng
封面裝幀｜高郁雯 Aillia Kao
內頁插畫｜李涵硯 Han Yen Li
版面構成｜黃靖芳 Jing Huang
校　　對｜楊玲宜 Erin Yang

發 行 人｜林隆奮 Frank Lin
社　　長｜蘇國林 Green Su

總 編 輯｜葉怡慧 Carol Yeh
主　　編｜鄭世佳 Josephine Cheng
行銷經理｜朱韻淑 Vina Ju
業務處長｜吳宗庭 Tim Wu
業務主任｜鍾依娟 Irina Chung
　　　　　林裴瑤 Sandy Lin
業務秘書｜陳曉琪 Angel Chen
　　　　　莊皓雯 Gia Chuang

發行公司｜悅知文化　精誠資訊股份有限公司
地　　址｜105臺北市松山區復興北路99號12樓
專　　線｜(02) 2719-8811
傳　　真｜(02) 2719-7980
網　　址｜http://www.delightpress.com.tw
客服信箱｜cs@delightpress.com.tw
ISBN：978-626-7721-03-2
初版一刷｜2025年06月
建議售價｜新臺幣380元

本書若有缺頁、破損或裝訂錯誤，請寄回更換
Printed in Taiwan

國家圖書館出版品預行編目資料

你的人生就是一趟英雄旅程：第一本專為數位世代打造的攻防生存指南／曾冠喆著. -- 一版. -- 臺北市：悅知文化精誠資訊股份有限公司，2025.06
272面；14.8×21公分
ISBN 978-626-7721-03-2 (平裝)
1.CST: 自我實現 2.CST: 生活指導 3.CST: 成功法
177.2　　　　　　　　　　　　114005258

建議分類｜心理勵志

著作權聲明

本書之封面、內文、編排等著作權或其他智慧財產權均歸精誠資訊股份有限公司所有或授權精誠資訊股份有限公司為合法之權利使用人，未經書面授權同意，不得以任何形式轉載、複製、引用於任何平面或電子網路。

商標聲明

書中所引用之商標及產品名稱分屬於其原合法註冊公司所有，使用者未取得書面許可，不得以任何形式予以變更、重製、出版、轉載、散佈或傳播，違者依法追究責任。

版權所有　翻印必究

悅知文化
Delight Press

## 線上讀者問卷 TAKE OUR ONLINE READER SURVEY

你值得為對的事情努力，
而不是活成別人眼中
「夠努力」的樣子。

————《你的人生就是一趟英雄旅程》

請拿出手機掃描以下QRcode或輸入以下網址，即可連結讀者問卷。
關於這本書的任何閱讀心得或建議，歡迎與我們分享 ☺

https://bit.ly/3ioQ55B

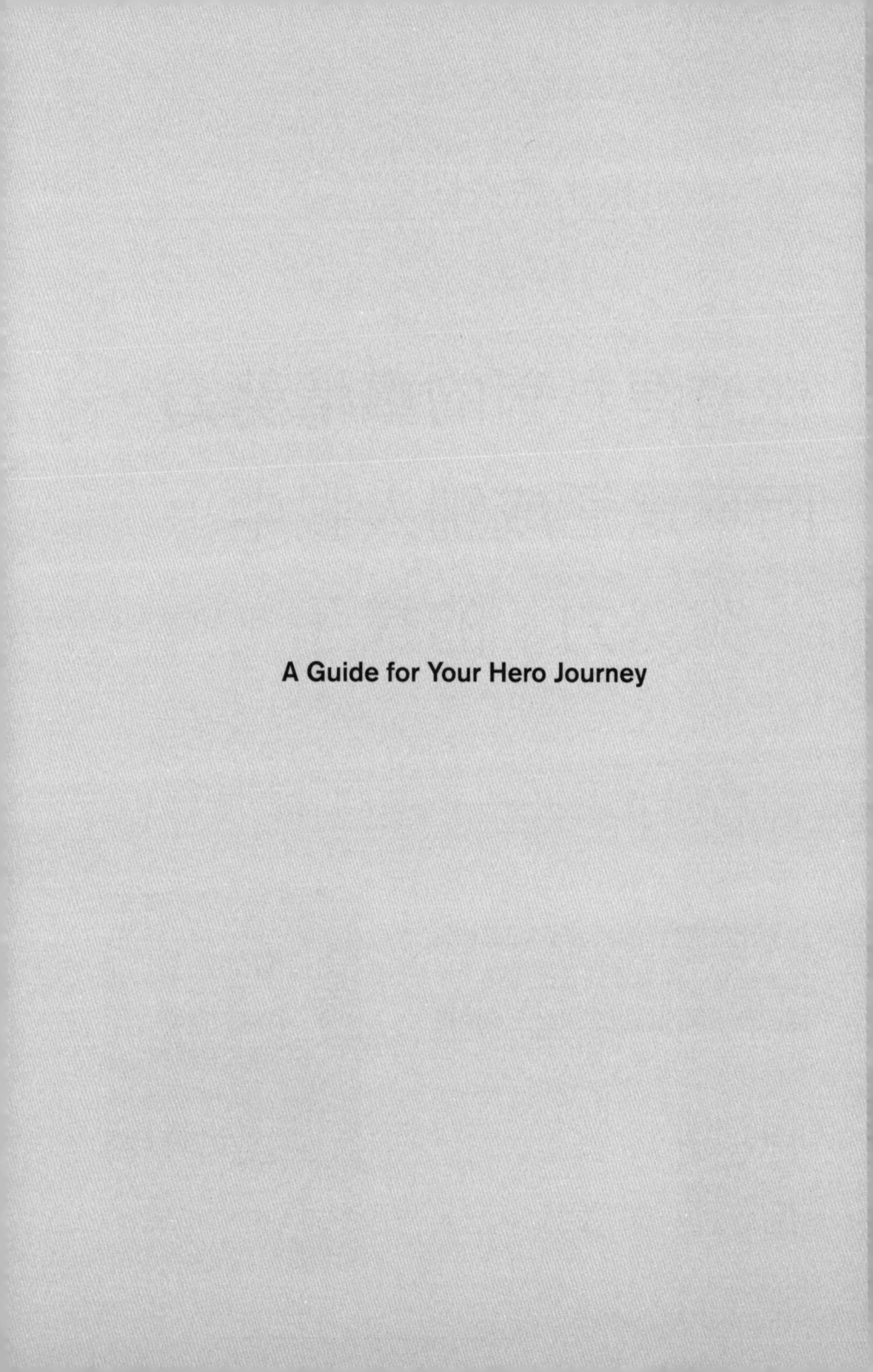

**A Guide for Your Hero Journey**